AZARES DEL DESTINO

LA HISTORIA DE UN POETA

Título:

AZARES DEL DESTINO

Subtítulo:

LA HISTORIA DE UN POETA

Autor:

Belisario J. Baltazar

Elaboración Portada:

Gerardo Vázquez (diseñador gráfico)

ISBN-13: 978-1-7339389-0-7

Dedíco ésta obra a mis dos amores, los amores de mi vida entera, las cuales me enamoraron con su sonrisa, sencillez y su belleza, pero por cosas de la vida y del destino nos separamos, pero aún así pude ver y conocer en ellas el amor verdadero y cada noche de luna llena podemos estar viendo la misma cara de la radiante doncella, reina del universo.

Mikeyla y Emelyn

CONTENIDO   PÁGINA

PRÓLOGO

Esta es la historia de un joven de apenas 17 años, quien encuentra la mejor manera de dar a conocer su talento que tiene, escribiendo frases únicas y poesías dedicadas al amor. Un poeta quien encuentra la inspiración para hacer poesía y sobre todo para darla a conocer al mundo, pero más que todo para enamorar en aquel entonces al amor de su vida o el amor de sus días.

Está basada en hechos reales y fictícios según la imaginación del autor, además le muestra al mundo que no se necesita tener el carro lujoso o las mejores cosas para impresionar o conquistar a una mujer, sino que basta con ser una persona creativa, aunque no se sea el hombre o la mujer más bella, porque la belleza es temporal, más sin embargo lo que una persona lleva en la mente y en el corazón valen más.

Sumérgete en éste mundo de aventura, y sé el protagonista de esta hermosa historia, enamorate una vez más, pero sobre todo enamorate de tí mismo, porque para poder amar a los demás, primero hay que amarse a sí mismo. Recuerda que el amor verdadero todo lo puede, todo lo sufre, todo lo cree siempre y cuando se hable con la verdad, ya que el amor vence las barreras más difícles de romper, porque recuerda que el amor es el regalo más hermoso que Dios nos ha dado. **BelitoB**

CAPITULO I
AZARES DEL DESTINO

No sé si fue casualidad que te cruzaste en mi camino, pero desde el primer momento en que te ví, me enamoré de tí, quizá fueron azares del destino, porque él quería que fueras para mí.

En un pueblo muy lejano y escondido de esta tierra, donde las personas que habitan en allí, son personas muy encantadoras, amorosas, les gusta compartir con los demás, son muy hospitalarias, pero sobre todo es un pueblo donde su gente brilla como el sol, la luna y las estrellas.

Entre cerros y montañas, erase una tarde de septiembre, fría y con una llovizna tan suave, que las brisas acaraciaban el rostro de María, ella iba caminando por allí en la carretera que conducía de la escuela hacia la casa donde ella trabajaba, ella cuidaba de un niño de apenas meses de edad, era el hijo de una maestra que daba clases en la escuela de aquella aldea que sería la fiel testigo de un amor verdadero.

Llevaba unas pocas semanas trabajando allí, muy raras veces iba a su casa a ver a su familia; después de todo, era la segunda vez que salía de su casa a trabajar, pues era la que apoyaba en su casa a su madre, haciendo los quehaceres del hogar, ya que sus dos hermanas mayores se habían ido a vivir a

Quetzaltenango, la segunda ciudad mas importante de Guatemala.

Iba caminando a prisa para no mojarse, cuando de pronto él estaba allí, lo vio parado junto a un poste de energía eléctrica pero ella siguió su camino, trató de cambiar su mirada, a pesar de que él le había gustado, pero solamente trato de disimularlo, no se detuvo para nada a pesar de que él la siguió con la mirada, ella pensó que solo quería molestarla, de todas maneras a ella no le importaba, ella no quería fijarse ni enamorarse de nadie en ese momento, porque ella no se sentía bonita, además nadie hasta ese momento le había dicho cosas lindas.

Nunca había tenido novio antes, aunque quizá tuvo uno que otro que le dijera cosas bonitas pero desde lejos, ya que según ella no era muy atractiva, pero a pesar de eso ella era de pelo rizado, con la lluvia se le había puesto algo alborotado, con los ojos muy hermosos, eran ojos de color miel, de tierna mirada encantadora, poco a poco se fue alejando de ese lugar pero pronto se dio a notar que mientras ella caminaba, él piropos le lanzaba, ella solamente había ignorado, él se fue acercando y el ritmo de su corazón se fue acelerando.

Ernesto le saludo preguntando:

- ¿Hacia dónde con tanta prisa y sin paraguas para que la defienda de la brisa? Es más, veo que va usted muy mojada, si quiere hasta le presto mi camisa.

María, no respondió, pero le causó gracia, solo se rió, pero pronto lo alejó diciendo:
- Más bien, creo que debería de irse a su casa porque está muy ebrio y quizá mañana aparezca sin camisa.

- Y no me moleste porque llevo prisa y además si mi papá se entera que me anda molestando le pegará una paliza.

Ese fue el comienzo de algo muy hermoso, pero que al final de un año todo fuera muy distinto, Ernesto todos los días se iba a parar a ese poste a esperar a María por las tardes cuando ella pasaría por allí; así fue como se fueron enamorando y surgió un amor bonito entre ellos, para María él fue el primer hombre que había llegado a su vida, después de todo ella ya tenía 18 años.

Pronto se hizo una fiesta en la aldea donde María vivía, era la Semana Santa, donde año con año, se celebra el aniversario de este lugar, ya que fue fundada gracias a unas personas que se reunían cada año y elaboran a un personaje muy famoso cada miércoles Santo: hacían a Judas, el que traicionó a Jesús, buscaban ropa vieja y la rellenaban con paja de trigo, le ponían una mascara y luego decidían ir de casa en casa, bailando con este personaje y pidiendo pan para comer durante la semana santa, al final de la noche reunían muchos panes y luego se lo repartían entre todos los que salían esa noche.

En esa semana María le había dicho a su madre que ella tenía novio y que él la iba a ir a ver, pero la madre de ella no estaba de acuerdo, ya que muchas personas le habían dicho que Ernesto era un hombre al que le gustaba mucho beber licor. Esa tarde de abril del año 1991, la siguiente semana después de la Semana Santa, ella le dijo a sus padres que se iba a casar con Ernesto, pero ellos nunca aceptaron eso, ya que se habían enterado que él había tenido mujer y que tenía hijos, porque a pesar que ellos eran muy estrictos y enojados, ellos no querían que sus hijas los defraudaran.

Ya las dos hermanas mayores de María se habían casado y ella era la única que quedaba en la casa ayudando a su madre en los quehaceres del hogar, cuidando a sus hermanos más pequeños e incluso trabajaba junto a su padre en la siembra y cosecha del maíz, pero esa tarde cambió todo cuando ella dijo que estaba embarazada.

El papá de María no dudo en quitarse el cincho y le empezó a pegar, le dio golpes hasta donde ella no podía más, pero sobre todo estando ella tirada en el suelo, solo defendió su vientre, para no la golpearan allí, porque defendió con su vida lo más preciado: "Su hijo o hija que estaba esperando".

Porque eso es lo que hace una madre cuando ama, defiende a toda costa la vida de sus hijos. El padre de ella decía que era de la madre la culpa, ya que ella no la cuidaba y le dijo a la madre de María que ella también la golpeara, aunque le dio unos cuantos golpes, ella sufría de dolor al ver como golpeaban a su hija, además aunque ella quiso meterse a defenderla, también recibió golpes de parte de su esposo.

El papá de María le dijo que se fuera lejos, que se fuera con el papá de su hijo, pero que él nunca la iba a perdonar por lo que había hecho, ya que había deshonrado a la familia, en la mañana siguiente, ella tomo un poco de ropa, la metió en una vieja maleta de viaje que tenía allí en su casa de cuando había ido a trabajar fuera de su casa y con golpes en todo su cuerpo se marchó llorando hacia el norte o hacia el sur, quizá en ese momento sin rumbo o sin dirección.

11

Mientras caminaba, sus ojos seguían llenos de lágrimas y su alma llena de dolor, lloró como nunca en su vida había llorado, de todas maneras ella sabía que le había fallado a sus papás, aunque marcharse no era la forma correcta de resolver los problemas, era una de las mejores decisiones, después de todo sus padres ya no la querían o al menos eso era lo que pensaba en ese momento.

Por todo el camino, los árboles y las aves la vieron derramar sus lágrimas de arrepentimiento, pero su corazón era fuerte y su decisión de salir adelante era aún más, llegó al pueblo más cercano al medio día, después de caminar por largas horas a pie, entró a un comedor dónde muchas veces para la feria del pueblo fueron a trabajar con su madre, allí ella pediría trabajo por unos días mientras conseguía el pasaje, porque ella se marcharía para siempre de aquel lugar, tenía mucha familia por México y los iría a buscar.

Cuando preguntó por la dueña del comedor en la puerta, le dijeron que pasara adelante, se fue caminando hacía la cocina, vio que había un señor comiendo en ese momento y cuando el señor volteó la mirada hacia ella, ella vio que era un tío de Ernesto y en ese momento él le preguntó:

- ¿Qué haces hija con esa maleta?, ¿Hacia dónde te vas?
Ella respondió:
- Solo estoy buscando trabajo para unos días, mis papás me han sacado de la casa.
Entonces él le preguntó nuevamente:
- ¿Mi sobrino sabe lo que sucedió?
Ella le dijo:

- No, él en realidad no sabe nada, es más, no creo que se vaya a enterar y si lo hace, que sea cuando yo ya esté muy lejos.

Después de eso platicaron por un buen rato, ella le contó que se iba a ir porque sus papás la habían echado fuera de la casa y con lágrimas en los ojos le decía a él que le dijera a Ernesto que la olvidara, que ella se iba para México y que nunca la fuera a buscar, que ella le iba a dar un futuro mejor a su hijo que llevaba dentro de su vientre, fue entonces como el tío de Ernesto le dijo que se quedara en el pueblo para mientras él le avisaría a Ernesto, porque él estaba seguro de que él la amaba lo suficiente como para dejarla ir.

Fue así como ella se quedó esperando un rato mientras él se fue en alguna camioneta hacia la aldea donde vivía Ernesto, lo encontró trabajando en la casa de su hermano y le avisó de lo que María iba a hacer, entonces Ernesto preocupado por eso, se fue como pudo, un rato caminando y otro rato corriendo durante unas cuantas horas hasta llegar al pueblo donde ella estaba.

Cansado de tanto caminar, con ampollas en los pies, porque iba con unos zapatos algo viejos, donde se podía contemplar su dedo gordo del pie, por unos momentos sudó como nunca había sudado, pensando en que perdería al amor de su vida si no llegaba a tiempo, después de todo él la amaba con locura y lo que menos quería era perderla, porque sabía que María era la mujer que él siempre quiso tener.

La encontró allí sentada en el parque, frente al palacio municipal, sus ojos llorosos y su rostro destrozado, bañada en lágrimas, ella lo vio fijamente y

13

le contó todo lo que su papá le había hecho y él como todo un hombre responsable le dijo que la amaba, que él no la dejaría ir y que pasára lo que tuviera que pasar, él le iba a dar la vida que ella se merecía.

Y estando frente a la fuente del parque de aquel bello municipio, se juraron amor eterno, él con lágrimas en los ojos, lloraba por el dolor que podía ver en los ojos de su amada, al mismo tiempo cortaba una rosa roja entre todas las flores que estaban sembradas en el parque y le pedía que se casara con él, ella no supo contener el llanto, pensó "Mis padres me han sacado de la casa y no quieren volver a verme, entonces me voy a casar con él, si al final de todo voy a creer en su palabra de hombre". Y mientras ese pensamiento pasaba por su mente, ella le dijo: "Si quiero casarme con usted".

Juntos decidieron ir a la municipalidad que queda justo enfrente del parque, buscaron a dos personas conocidas que caminaban por allí y los llevaron de testigos, entraron a la municipalidad y a la secretaria del alcalde municipal preguntaron por él. Ella les preguntó para que lo buscaban, ellos le dijeron que se querían casar, entonces ella les dijo que esperaran que el pronto saldría de una reunión.

Mientras esperaban, los dos muchachos nerviosos sentados en unas bancas dentro de la municipalidad, vieron salir al señor alcalde municipal, él les preguntó:

- ¿Es cierto que ustedes dos quieren casarse?, porque la secretaria ya me lo había dicho.
Entonces ellos respondieron:
- Sí, queremos casarnos, es nuestro deseo querer hacerlo.

14

El alcalde preguntó nuevamente:
- ¿Tienen la mayoría de edad?

Ellos respondieron:
- Sí, ambos somos mayores de edad, Ernesto dijo que tenía 22 y María dijo que tenía 19.

El alcalde nuevamente viendo la parejita de enamorados, les dijo:

- Para poder casarlos necesitan de dos personas, para que ellos sean sus testigos.

Entonces ellos le respondieron:
- Trajimos con nosotros a dos personas que pueden ser como testigos, ellos están esperando afuera.

El alcalde los vio y dijo:
- ¿Acaso ya venían preparados? Y les dio una sonrisa,

Ellos respondieron nuevamente:
- Pensamos que sería necesario y le dijimos a ellos y ellos aceptaron.

Entonces el alcalde les dijo:
- Está bien, veo que tienen el deseo de casarse, así que necesito sus documentos de identificación y de sus testigos, además de eso dos actas de nacimiento recientes, y los espero a las 3 de la tarde.

Ellos estaban muy felices, porque al fin de tanto iban a poder estar juntos para siempre y nada, ni nadie iba a poder separarlos y oponerse a su amor, entonces fueron a la receptoría de la municipalidad, pagaron su boleto de ornato, el costo de sus acta de nacimiento y el valor de los papeles para el acta de matrimonio.

Fue así como un día viernes a las tres de la tarde ellos se juraban amor eterno enfrente del alcalde Municipal, desde ese entonces empezaron el largo recorrido de años de casados. Después de eso, como a los cinco años que se habían casado por lo civil, se casarían por la iglesia católica.

Ambos decidieron regresar cada quien a su casa, María iría a la casa de sus papás y Ernesto a la de los suyos, porque ella pasaría por el resto de sus cosas para irse a vivir con Ernesto. Los padres de maría le preguntaron que era lo que ella estaba haciendo en casa, que ellos la habían sacado y que no la querían ver allí, entonces ella con voz fuerte les dijo:

- "De todas maneras ya no pueden hacer nada, porque yo ya me casé con Ernesto y nos vamos a ir a vivir juntos".

Las palabras no se terminaron, porque mientras ella terminaba de decir esa frase su papá la estaba golpeando nuevamente y le decía que se olvidara de ellos, que olvidara que ellos eran sus padres y la corrieron después de haberle dado una tremenda paliza nuevamente.

Cuando ella se marchó, se fue para la aldea donde vivía Ernesto, se juntaron en el crucero arriba de la casa de Ernesto, dispuestos a hablar con sus padres de él, para que les dieran en donde vivir, pero les iban a decir que ellos ya se habían casado.

¡Vaya! que sorpresa la que se llevaron, porque en casa de Ernesto no los aceptaron, les dijeron que buscaran un lugar más a donde ir, porque ahí en ese lugar ellos no eran bienvenidos, porque ellos ya habían ido a pedir la mano de otra mujer para él y no era ella, los papas de él no eran juguetes de nadie.

Salieron huyendo de ese lugar y se fueron a refugiar con la abuela de Ernesto, ella era comadrona y les dio posada para que vivieran para mientras conseguían un lugar donde vivir.

Estuvieron allí por unos meses, hasta que Ernesto habló con su papá para que le diera permiso de hacer una choza entre la montaña, para que él y su esposa vivieran durante un tiempo. Pero entre tanta pobreza, solo les alcanzó para hacer la choza de cercos y la cubrió de nailon, para que no entrara el frío de noche.

Vivieron muy felices allí en aquella choza a la cual le llamaban hogar, donde escuchaban los cantos de las aves al amanecer y escuchaban el dulce sonido del agua de un arroyo que pasaba por muy cerca, además el silbido del viento cuando movía los pinos y los cipreses.

Estuvieron durante unos mese viviendo allí hasta que nació Juan Jacobo, sus hijo que por mucho tiempo lo habían estado esperando con ansias y el cual había sido el motivo que los había unido en matrimonio y por el cual lucharían día a día hasta salir adelante.

Porque no importa las circunstancias por las cuales tienes que vivir, no importa si tienes que comer tamal con sal como decía mi abuela, no importa si tienes que aguantar frío o hambre, pero cuando en realidad amas a una persona, todo eso no importa, porque juntos todo es posible, al final de todo el amor sabe vencer cada obstáculo, cada piedra en el camino.

Porque así fue el amor que nació en ellos y la voluntad por salir adelante no importando las circunstancias por las que tuvieron que pasar, hasta que pudieron salir de aquella choza y se fueron a vivir nuevamente a donde sería el hogar de ambos por siempre y donde hasta la fecha pasan sus días y seguirán pasando sus días hasta que la muerte los separe, en aquel lugar hermoso.

Pero para eso tuvieron que pasar por muchas cosas, al final al papá de María se le ablandó el corazón, porque vio que el lugar donde ellos estaban viviendo no era el adecuado para que vivieran, las condiciones de la choza no eran buenas, porque muchas veces el frío se colaba en las mañanas y noches, cuando hacía mucho viento, se rompía el nilon, cuando llovía fuerte muchas veces el agua entraba y mojaba algunas cosas que ellos tenían.

El hijo mayor de ellos había emigrado hacía el norte y había hecho una casa que nadie ocuparía, por lo que el papá de María lo había convencido para que ella, su esposo y su nieto se fueran para estar más cerca de ellos, porque al final de todo, ellos habían perdonado a María y a Ernesto por lo que habían hecho.

"El deseo de vivir es tan grande, pero el amor nunca se verá frustrado aunque sea sufrido, siempre y cuando sea amor puro y verdadero", porque como dicen por allí también: "el amor todo lo puede, el amor todo lo soporta, el amor es comprensivo, el amor es leal, el amor todo lo perdona, el amor todo lo ve, el amor es aquel sentimiento que despierta en nosotros las ganas de vivir cada día aferrado a que el siguiente día será mejor que hoy".

CAPITULO II

JUAN JACOBO

La niñez se ve marcada por las enseñanzas de un padre o una madre, pero sobre todo la educación que se recibe, si se sabe instruir bien a un niño en el camino del bien, éste jamás se apartará de él, porque la mayoría de cosas que hacen los niños cuando crecen, lo han visto de sus padres, porque ellos ven ejemplos y no muchas veces no siguen las palabras.

Juan Jacobo era un niño muy apuesto, capaz de enfrentar lo que estuviera viviendo, quién disfrutaba de jugar al fútbol, jugar canicas, pastorear ovejas o jugar con su perro llamado Tarzán, además de eso era el abanderado de la escuela por tener las mejores notas en todos los cursos.

Muchas veces soñó con tener una motocicleta, a su bicicleta le ponía una lata vacía en la llanta de atrás o de adelante para que esta sonara de la manera que se escuchara que era un motor, era un niño muy inteligente en todos los sentidos.

Siempre fue un niño muy listo y no tenía muchos amigos, porque su mamá pensaba que al tener muchos amigos ellos lo inducirían a portarse mal, pero aún así jugaba con sus compañeritos de la escuela, corría con ellos y se la pasaba de lo mejor cuando iba a la escuela, pero sobre todo siempre tenía temor de hacer algo malo, porque su mamá lo andaba vigilando, ya que ellos vivían enfrente de la escuela.

Además en las tardes de verano disfrutaba de jugar con su bicicleta en la cancha de fútbol, y en época de cosecha de maíz, le gustaba jugar con las cañas haciendo carritos, aviones y haciendo carreteras en los bultos de tierra que se hacian cuando se acomodaba la tierra para sostener los surcos del cultivo de maíz.

Su abuelita tenía unas cuantas ovejas, a las cuales lo mandaban a pastorear, pero muchas veces por descuido y por estar haciendo carros de madera y casas en los lugares donde comían las ovejas, las dejaba que se fueran a los cultivos y su mamá le regañaba mucho por eso, algunas veces hasta le pegó muy fuerte con el cincho.

Era él a quien le gustaban los poemas en la escuela y de niño disfrutaba pararse frente a muchas personas a declamar, esa era su inspiración, sus noches eran muy bellas porque disfrutaba dormir en su cama hecha de madera y soporte de esponja, jugaba con sus hermanas y siempre estuvo a la espera de un hermano varón.

Cada vez que su mamá estaba embarazada siempre soñaba con tener un hermano, con el cual jugaría futbol y harían muchas travesuras, pero cuando su mamá daba a luz y era mujer se sentía frustado pero siempre siguió esperando a que llegara su hermano.

En una ocasión como era de costumbre, le dieron la oportunidad de participar representando a su aldea en un concurso de declamación, en el cual participó y ganó el segundo lugar a nivel de la región departamental, gracias a aquel sentimiento y aquella hermosa voz con la que hablaba y con la que él declamaba. Sabía darle ese sentimiento a las palabras que salían de él y el público le gustaba.

Era tanto que le gustaban los poemas, que siempre recordaba uno que su mamá le enseñó, el cual decía:

POR AQUÍ PASÓ UNA PAVA
CHIQUITITA Y VOLADORA,
EN SU PICO LLEVA FLORES
Y EN SUS ALAS, MIS AMORES.

El cual siempre lo ha recordado, desde ese entonces y gracias a su mamá, a él le gusto siempre la poesía y la declamación, desde muy temprana edad sus profesores aún recuerdan que él era un niño que le gustó mucho la literatura, le gustaba leer los libros que tenían en la escuela, así como también le gustaba mucho las matemáticas.

A pesar de que era un niño, ya se sentía enamorado de una niña que se sentaba cerca de él, se escribían papelitos y se los entregaban cuando el profesor no estuviera mirando, por esa razón una vez la maestra lo sacó a estudiar al corredor de la escuela y cuando su mamá pasó por ahí, le preguntó porqué estaba en ese lugar, él solamente le dijo a su mamá que la maestra lo había sacado a estudiar afuera, entonces ella se acercó a donde estaba la maestra y le preguntó el motivo por el cual su hijo estaba allí.

La maestra le explicó que lo había sacado a estudiar afuera porque estaba molestando a los demás niños y no los dejaba estudiar, pero también le explicó que estaba ella de frente cuando lo vio lanzar un papel y le cayó a otra niña y ella abrió el papel y era un corazón dibujado.

Tanto era el cariño que le tenía a esa niña que soñaba con darle un beso, otras veces soñaba que se convertía en un pajarito y en las mañanas la despertaba con su dulce canto y regresaba a su cuerpo normal y le daba un beso en la frente para despertarla, además de eso siempre le hacía cartitas de amor, pero ella nunca le hizo caso a lo que él le decía, porque eran niños para eso.

Él siempre fue un niño muy estudioso, gracias a que su mamá le había enseñado muchas cosas, era muy bueno en matemática y le gustaba jugar Ajedrez, como era de pocos recursos hizo de cartón su propio juego de Ajedrez.

Era un niño muy inteligente, le gustaba mucho investigar el significado de las palabras en su diccionario y sus compañeros siempre le pedían copia de los deberes y en los exámenes, él siempre les daba copia y cuando no lo hacía le decían que era un niño creído y que no compartía nada.

El día que se fue de la escuela, cuando terminó de estudiar el año seis de la primaria, fue un día muy doloroso pues se despedía de su bandera, de sus maestros, de sus amigos, pero sobre todo se iba a rumbos desconocidos.

Se fue a estudiar el ciclo del nivel básico en un Instituto que quedaba en la aldea donde él había nacido, el primer año trató de sacar muy buenas notas, las logró apenas, así mismo tardó mucho en asimilar el cambio de la escuela al nivel de básicos,

23

pero el segundo año fue el que quedó marcado en su vida para siempre.

Cuando Juan Jacobo empezó a estudiar el segundo año del nivel básico, sus ojos se clavaron en la mirada de una señorita muy bella de apariencia física, ella estaba en primero básico y él la empezó a frecuentar, ya que sus amigos le insistían que él debería de tener novia.

Estaba estudiando en el curso de mecanografía y él se cambió del día viernes al día miércoles solamente para poder estar cerca de ella, para ayudarle en sus trabajos que tenía que hacer y una mañana, una de sus amigas de la señorita aquella, le dijo a Juan Jacobo:

- Te he visto que andas muy enamorado de Mariana, deberías de hacer todo lo posible para conquistarla, a ella también le gustas, entonces ¿Por qué no le pedís a ella que sea tu novia?

Juan Jacobo le respondió que no podía porque él estaba estudiando y eso no era lo que buscaba, que él no quería perder el enfoque que tenía en sus estudios y que su mamá le había dicho que no debía de tener novia, porque ya no se iba a concentrar en sus estudios y que además de eso se esperara hasta haberse graduado.

Entonces ella le dio una rosa que había cortado en el jardín de la academia de mecanografía a aquella señorita a la que Juan le gustaba y le dijo que era él quien se la mandaba y ella le dijo lo mismo: "Estoy estudiando y no quiero novio por ahora".

Pero esa tarde al salir de la academia, se juntaron junto a un kiosko que estaba enfrente del instituto y allí las amigas de ella los forzaron a que hablaran y le dijeron a Juan Jacobo que le declara su amor.

Ella aceptó ser su novia y se estuvieron hablando allí en aquel kiosko por unas largas horas hasta que al fin de tanto Juan Jacobo le dio su primer beso, el primer beso en aquel momento fue raro y de pronto todo fue diferente, Juan Jacobo apenas tenía doce años y a esa edad realmente no sabía que era tener novia.

Esa semana Juan Jacobo se sentía el hombre más afortunado del mundo, él la iba a dejar veinte minutos caminando juntos en la carretera hacia a la aldea donde ella vivía. Se iban platicando de muchas cosas, pero al llegar el siguiente miércoles mientras Juan Jacobo se había ido a almorzar, cuando regresó encontró a aquella niña tomada de la mano con uno de sus amigos de él y desde ese entonces el jamás volvió a confiar en una niña, porque eso le había destrozado el corazón.

El niño con el que andaba agarrada de la mano había sido amigo de Juan Jacobo, habían jugado unas veces en el mismo equipo de fútbol, pero desde ese día él le dejó de hablar y también a ella, porque había sido su primera decepción, algún tiempo después vio de novia a Mariana de un muchacho, uno de los que eran los enemigos de Juan Jacobo y su tío.

Una vez, Juan Jacobo le quiso ir a hablar a Mariana, pero ella solo se dio la vuelta y no quiso escuchar ni una sola palabra de él, además su novio vio cuando él se le había acercado a Mariana y se fue a decirle a Juan Jacobo que era la última vez que los veía platicando y que si Juan Jacobo no se íba de aquel lugar y dejaba de estudiar, lo íban a matar.

En el mes de octubre hubo un huracán, donde se salieron ríos, las personas perdieron sus casas por derrumbes, perdieron muchas y Juan Jacobo con otras personas llevaron ayuda, en esas últimas semanas se suspendieron las clases, porque se estaba incomunicado el municipio, después de que todo pasó, él y su mamá fueron a recoger sus calificaciones, él se había ganado una beca y además de eso era el nuevo abanderado de aquel instituto, pero nunca más volvió a ser el abanderado, porque su mamá decidió sacarlo, porque no quería que lo mataran.

Después de estar estudiando el ciclo de nivel básico, se fue a estudiar a la segunda ciudad más importante de Guatemala su nivel de diversificado, ahí empezó estudiar para poder graduarse de Perito Contador, para así poder conseguir un empleo que no fuera de agricultor, para no ser aquel mismo que sus abuelos o sus padres habían sido, al menos eso era lo que Ernesto y María no querían para él.

Por esa misma razón el papá de él había emigrado para Estados Unidos, para poder darle el mejor estudio en el mejor colegio para que su hijo saliera muy bien preparado, además sabía que él era muy inteligente y tenía muy buena memoria para poder hacer grandes cosas.

A él le gustaba tanto la poesía, uno de sus sueños era poder escribir sus propio poemas, además le gustaba leer el periódico que su abuelo compraba los día domingos en la plaza, en ese momento se había ido haciendo la idea que él quería escribir, tomar fotografías y hacer las noticias que se mostraban en el periódico.

A unos cuantos meses de graduarse, un día viernes que él regresó a su pueblo donde había crecido, se encontraba en el parque caminando, luego se paró frente a la fuente, donde se lavó las manos y después de unos minutos de estar allí parado cerca de la fuente del parque vio pasar a una mujer bella y hermosa, la cual jamás había visto, ella vestía el uniforme de un colegio, lógicamente ese era el uniforme del colegio donde ella estudiaba y él pensó: "Que bella mujer, que hermosa es, me atrevería ir a hablarle, pero no me atrevo, no sea que me vaya a rechazar".

Después de aquella decepción que Juan Jacobo había tenido cuando era niño, nunca más se había vuelto a enamorar, pues recordaba aquella escena donde había encontrado a aquella niña que había sido su primera novia tomada de la mano con el niño aquel.

Juan Jacobo desde ese entonces era un muchacho muy tímido, así que no se atrevió ir a hablarle, en eso sus amigas la alcanzaron y se fueron a la esquina del parque, así que él solamente se fue caminando y pasó cerca de aquel grupo de tres señoritas, donde la belleza de aquella chica a la que él había visto sobresalía.

Él solamente escuchó que le habían llamado Maricela, ella no se imaginó y ni siquiera pensó que había llamado la atención de aquel muchacho tímido, el cual se había enamorado a primera vista de ella, después de eso, él siempre volvía a cada quince días de donde él estaba estudiando a su pueblo amado Tejutla, se pasaba esperando sentado cerca de la

27

fuente del parque, esperando volver a ver a aquella chica hermosa, aunque muchas veces la volvió a mirar, pero nunca se atrevió a ir a hablarle, por el miedo a que ella lo fuera a rechazar, él en ese momento, sabía que no era lo suficientemente guapo como para poder conquistar a aquella bella mujer que en ese momento el veía, era la mujer más bella de aquel municipio pintoresco al que un día un poeta de apellido Laparra le llamó "La Fúlgida Villa de Tejutla", además aquella mujer hermosa no se comparaba a las begonias que son las flores más bellas de Tejutla.

"Todos alguna vez nos hemos enamorado a primera vista de alguien, en ese momento Juan Jacobo caía rendido a merced de la imagen de aquella chica hermosa, la cual hasta ese momento era un amor imposible, solamente había escuchado su nombre y había visto ese hermoso rostro y con eso tuvo suficiente para pensar en ella, para recordarla a cada momento desde ese día sin que ella se enterara, porque ella estaba en lo más profundo de sus pensamientos".

CAPITULO III
EL FINAL DE UN AMIGO

Hay grandes amistades que se conservan a través del tiempo, aunque quizá muchas de estas amistades ya no existan en persona porque se han ido al cielo, el recuerdo perdura para siempre en la memoria de quienes siempre vivirán con el recuerdo.

Los meses pasaron velozmente y Juan Jacobo se había graduado del diversificado con honores, había sido uno de los mejores estudiantes siempre, hizo grandes amistades durante el tiempo que estuvo estudiando, quizá porque le gustaba jugar fútbol y quería ser futbolista profesional, o quizá porque él era un joven al cual le gustaba platicar y conocer a las demás personas, pero al final de todo se fue para su casa porque disfrutaba más del ambiente de campo que de ciudad.

Amaba tanto la naturaleza, pasear por debajo de la sombra de los árboles, escuchar el dulce canto de las aves y sentir el viento soplar apaciguando el calor a medio día, silbaba y su silbido se podía escuchar hasta más allá sin miedo a que le dijeran que estaba loco.

Pero al pasar las semanas después de que terminaron de estudiar y se preparaban para el acto de graduación, en muchas ocasiones Juan Jacobo se recordaba de aquellos días cuando en el colegio donde estudió los últimos tres años antes de graduarse, jugaba fútbol cada recreo con sus amigos, los cuales la mayoría de ellos tenían apodos, y estos eran: el Chino, el Negro, el Saquito, el Crema, el Umaga, el Juancha, el Tony, el Chofo y el Chaneke, aunque se fueron agregando el Cudy, el Primi y el Pino.

Fueron recreos de risa, de emociones, apostando el jugo de naranja que costaba un quetzal y los nachos preparados con pico de gallo (tomate, cilantro y cebolla picados con jugo de limón) o nachos preparados con pollo (pollo desmenuzado con mayonesa, apio, tomate y cebolla picados), pero la idea era divertirse con aquellas dos pelotas de plástico, una era el forro de la otra, la cual se quedaba aguardada en el bote de la basura del aula, aunque muchas veces se la llevaba alguien para la casa para que no se la robaran pero nunca la llevó de regreso.

Había aprendido con el tiempo a ser un buen amigo con las personas que estudiaba, era un muchacho talentoso y sus deseos de superarse y ser mejor cada día siempre estuvieron presentes, sus mejores risas y sus mejores maneras de comportarse fueron durante ese tiempo que compartió con todos aquellos jóvenes con los que estudió.

Tenía dos amigos en especial, amigos con los que compartía más, era al que le apodaban el Negro y el otro al que le apodaban el Chino, muchas veces se reunían para estudiar o él les ensañaba lo que sabía, ellos le compartían de lo que compraban para comer en la hora del recreo.

Al que le apodaban el negro se llamaba Hugo, el día que Juan Jacobo llegó por primera vez a aquella aula donde iniciaría su carrera, para graduarse de diversificado, vio sentado solamente a un muchacho, al cual se le acercó y sentó en el escritorio de atrás.

Pero en el momento que pasó lo pasó saludando y le dijo:

- ¿Qué tal como estás? Mi nombre es Juan Jacobo

Aquel muchacho le respondió de la misma manera diciendo:

- ¡Estoy bien gracias! Mi nombre es Hugo, ¡Mucho gusto!

Después de eso empezaron a platicar y a conocerse, en esa aula habían otras tres personas más y eran mujeres, ellos les habían saludado pero fueron ellos dos quienes se quedaron platicando. Poco a poco al transcurrir los minutos iban entrando otros pero se sentaban en otros escritorios alejados de ellos dos. De pronto entró al que le apodaban el chino, el se llamaba Eleazar, él fue quien se acercó a ellos y los saludó, los tres empezaron a platicar, se preguntaron entre ellos de donde eran y en que colegio o escuela habían finalizado el grado de tercero básico.

Fue así como surgió aquella amistad que perduraría por siempre. A Hugo siempre le gustaba que hicieran competencia con Juan Jacobo en diferentes cosas, porque comparaban quien era mejor en lo que hacían, muchas veces hubo empates o muchas veces uno de los dos ganó la apuesta. Ya sea con el juego de ajedrez o con el juego de Totito. Otras veces apostaron en juegos de fútbol. Una que otra vez se reunían en la cancha con los demás amigos para jugar con la pelota en horas cuando el catedrático que tenía que cubrir ese periodo no llegaba a tiempo o no llegaba a dar clases.

Aprovechaban para jugar a los goles de lejos, de portería a portería, defender sin usar las manos, solo era válido la cabeza o los pies, y sin salirse de la media luna que estaba pintada en la cancha polideportiva, muchas veces jugaron tenis-fútbol o cualquier otro deporte, pero siempre fueron buenos amigos y también fueron muy buenos amigos con los demás.

Hugo fue uno de los mejores amigos de Juan Jacobo, cada tarde se llamaban y hacían las tareas de Contabilidad juntos. Juan Jacobo siempre le ayudaba, le daba copia en los exámenes o le explicaba a él o a sus compañeros, lo que muchas veces no entendían, cosas como del porque la cuenta del dinero en efectivo se llamaba caja o porque otras veces se llamaba caja y bancos, pero eran cosas de contabilidad por lo general.

Pero hubo un momento que marcó la vida de todos ellos una noche fría lluviosa a pocos días de terminar la última etapa del ciclo escolar que finalizaba con la graduación, estaban en el proceso de la práctica supervisada, Juan Jacobo se había quedado haciendo su práctica en una agencia bancaria en el municipio de San Juan Ostuncalco, Quetzaltenango, y los demás hicieron su práctica en empresas u oficinas contables de la ciudad de Quetzaltenango. Esa noche entre llanto y dolor fallecía; algunos decían que los médicos dijeron que se había tratado de un envenenamiento y otros que fueron causas naturales, la verdad nunca se supo, pero lo que si se supo fue la gran noticia que uno de sus mejores amigos había partido dejando un gran vacío en el corazón de sus amigos y de sus familiares.

33

El destino sabía que era lo que le tenía preparado a cada uno, lo mas difícil fue decirle adiós a un gran amigo, el cual jamás volverían a ver, más que solo en fotos que se había tomado antes de iniciar su práctica.

Hugo siempre vivirá en el corazón de quienes fueron sus mejores amigos, con aquel junto al cual pasaron penas, alegrías, bromas, con él muchas veces se peleaban con apodos, aquel que buscaba en el internet noche tras noche un nuevo apodo para alguno de sus compañeros.

El muchacho alegre, el hijo de un exmilitar, con un corazón noble y amigable. Aquel que fue de los primeros en darle la mano a Juan Jacobo cuando entró por primera vez, aquel que muchas veces compartió su refacción con él, porque Juan Jacobo no llevaba más que dos quetzales para su recreo.

La vida le dio la oportunidad de llevar risas y alegrías para sus amigos que siempre lo iban a recordar, y donde todos estuvieron hasta el momento que lo fueron a dejar en donde sería su última morada.

Aquel amigo desde el cielo los vé, y quizá también recuerda a quienes fueron sus grandes amigos y con los que compartió aquellos bellos momentos, que fueron tres largos años de estudio que terminaron esa tarde cuando por fin habían depositado su cuerpo en el cementerio General de la Ciudad de Quetzaltenango.

Entre todos aquellos que fueron sus amigos y compañeros cargaron el ataúd desde aquel lugar donde era su casa hasta donde sería su morada para siempre, aquella tarde llena de dolor por aquel amigo que se había marchado y había dejado muchas enseñanzas en los demás, pero que sobre todo les enseñó que la humildad no tiene que ver con color, raza, nivel económico, nivel académico, ni mucho menos con nivel cultural.

Sus deseos de superarse y ver a los demás superar fueron grandes virtudes que tenía y mientras llegaron al cementerio, todos aquellos que fueron sus amigos se despidieron de él y lo dejaron descansar y se prometieron que quizá algún día volverían a juntarse todos nuevamente, porque sabían que después de la graduación cada quien tomaría rumbos diferentes.

Al final se dio cuenta que tarde o temprano todos tendrán ese momento en donde descansarán los huesos y las manos, las mujeres y los hermanos, pero solo quedará la satisfacción y el recuerdo de la huella que dejamos en el mundo, sea buena o sea mala, siempre tendremos algo de una persona que contar, quien fue, como fue y quizá podríamos imaginar como sería si esa persona aún siguiera luchando en esta vida.

También se dio cuenta que la vida es como una flor, que nace cuando le cae una gota de agua y hace germinar la semilla, en la mañana cuando sale el sol le da la energía para poder crecer, durante la mañana crece y al medio día puede florecer y su hermosura se deja ver, pero al empezar el atardecer se empieza a marchitar a medida que el sol se va metiendo en el horizonte.

La pregunta sería que es de esa flor, ¿cual fue el motivo por el cual floreció?, y en el momento que se empieza a marchitar ¿Para que floreció?, entonces hizo la comparación y se preguntó a sí mismo: ¿Qué huella voy a dejar en este mundo? ¿A que fue lo que realmente vine a esta vida?. También en ese momento se dio cuenta que aunque había cometido uno que otro error, debía de corregirlo y de vivir su vida momento a momento y minuto a minuto, enfocándose en el futuro para dejar un legado o un ejemplo a sus hijos, nietos y descendencia, además vio que cada día era una nueva oportunidad para empezar.

Al final de aquel triste día pensó que "El final del camino llega cuando decidís rendirte", y que todos traemos un propósito en la vida y al cumplirse no nos queda más que partir hacia donde venimos, al fin y al cabo solo queda el recuerdo bueno o malo de los actos que realizamos y aunque la mayoría se olvide de ti hay alguien que jamás lo hará y será o serán aquellos a quienes diste buenos o malos ejemplo.

Eso fue lo que Hugo les enseñó a todos sus amigos, les enseñó que todos traemos un propósito en esta vida. Juan Jacobo tomó muchas cosas buenas de aquel joven que un día fue su mejor amigo. Además de eso aprendió que a las buenas amistades hay que conservarlas, por eso a través del tiempo aún seguiría hablando con todos aquellos con los que un día compartió en aquellas aulas del colegio donde estudió.

Este solo es un ejemplo de las personas que ya han partido de este mundo, pero existen más personas, más amigos, por los cuales uno es capaz de sobresalir, quizá estos dos amigos que Juan Jacobo tuvo fueron los mejores, porque al final de todo sabían sacar lo mejor de él, porque en lugar de invitarle una cerveza o un cigarro le invitaban de lo que comían en la hora de recreo, le invitaban a que fuera Juan Jacobo el que les enseñara lo que él sabía, que compartiera el conocimiento que tenía.

Al final y al cabo eso deben de ser las amistades, ayudarte a ser una mejor persona, si tus amigos no te invitan a ser una mejor persona o te juzgan por lo que sos, esos no son verdaderos amigos, recuerda que en la amistad se corrige, pero no se juzga, se enseña pero no se espera nada a cambio, una amistad se conserva por mucho tiempo, en una amistad se es leal y se calla lo que se le ha confiado.

Todos tenemos amigos, pero ¿será que realmente tenemos a los amigos que nos ayudan a crecer como persona? Las grandes amistades se forjan a través del tiempo y perduran la eternidad.

El tiempo estaba pasando, pero él no dejaba de pensar en aquella mujer que un día le había robado el pensamiento, aquella mujer que siempre estaba en su memoria, aquella mujer con la que escribiría una gran historia, aquella mujer a la que solo podía llamar Maricela, la que vio pasar en la fuente del parque.

"Juan Jacobo así como sus demás amigos debían de seguir con su vida. Juan Jacobo siempre se ganó la admiración de las personas a donde quiera que él iba, en su aldea siempre lo respetaron y lo admiraron por lo humilde y sencillo que siempre fue, ya que a pesar de que era graduado de una carrera, y aún así no importaba que título tuviera, siempre debería de ser sencillo y humilde, tal como su madre le había enseñado".

CAPITULO IV
LA INSPIRACIÓN

En algún momento de la vida de una persona, sea a temprana edad, joven o incluso ya de adulto, siempre va a llegar un motivo para poder hacer cosas que quizá nunca había hecho o no volverá a hacer por alguien o por algo. Tarde o temprano uno se ha de enamorar de la manera más linda y el amor ha de llegar cuando menos se le espera, toca la puerta de tu corazón y abre tu mente, despeja tu alma y deja salir de ti el más profundo sentimiento, libera una parte de ti oculta y te hace actuar de una de las mejores maneras hasta poder llevar a cabo tu conquista.

Juan Jacobo después de algún tiempo ya de haberse graduado, no dejaba de pensar en aquella mujer de la que un día se había enamorado a primera vista. Cada vez que iba a Tejutla estaba al pendiente por si la veía nuevamente en el parque, caminando en alguna calle o por si la vería los días domingos en la plaza del pueblo.

Cada domingo se iba con su abuela o con su madre a comprar las verduras, la carne y todo lo que ellos comerían para una o dos semanas, a él nunca le dio vergüenza andar con su canasta llena de cosas por las calles, en lugar de eso se sentía orgulloso de poder ayudar a su abuela o a su madre, había aprendido a escoger los tomates, los pepinos, las lechugas. Su abuela le había enseñado en donde debía de comprar la carne de res, el pollo y las cosas que necesitaban en la casa.

Juan Jacobo estaba muy enamorado cada día de aquella persona que lo hacía ser diferente, que hacía ver el mundo de otra manera, de la manera positiva, sabiendo que todo se puede lograr, porque aunque ella para él era un sueño imposible, ya que la belleza de aquella mujer era increíble y la consideraba una mujer inalcanzable.

Pero en ese momento que Juan Jacobo se enamoró quizá pudo llegar a hacer muchas locuras con tal de conquistar a una hermosa mujer como lo era Maricela, pero pensaba que al final de todo ella era una mujer inalcanzable, de todas maneras, Juan Jacobo estando enamorado, sintió que Maricela solo fue a completar parte de la inspiración de él, porque antes que él la conociera, él ya tenía una gran inspiración.

Cuando Juan Jacobo regresó de aquel lugar lejano, donde estuvo estudiando durante mucho tiempo, después de haberse graduado y estando dispuesto a enfrentarse a lo que la vida le tenía preparado después de la graduación, en la mente de él existían algunas preguntas:

- ¿Cómo fuera si hubiera estudiado en mi pueblo?
- ¿Cómo fuera si conociera a Maricela?

- ¿Será que ella se hubiera enamorado de mí como yo de ella?
- ¿Será que algún día conoceré a la chica aquella que me robó el pensamiento y el corazón?

Recordaba que antes de graduarse, siempre quiso conocer a aquella chica hermosa llamada Maricela, la cual día con día la recordaba caminando por el parque del pueblo donde él vivía, ella estaba en sus pensamientos y él se podía imaginar compartiendo algunas palabras con ella, pero era algo que no se podía dar, quizá no en ese momento, porque muchas cosas tenían que pasar antes que llegara ese momento.

Como era de costumbre, a Juan Jacobo le gustaban los poemas y muchas veces a hacer rimas, siempre le interesó la literatura y la historia pero también había visto a unas personas ejecutar guitarra y a él le gusto la idea de aprender a ejecutar una. Había un señor que era músico en la aldea y él empezó a asistir a la Iglesia donde Juan Jacobo asistía y formaron un grupo, el mismo señor llevó las primeras dos guitarras y así fue como Juan Jacobo empezó a aprender, pero su gusto por la música siempre la había llevado en el corazón, porque cuando era apenas un niño, su padre tenía una radio-grabadora y el se queda dormido escuchando la radio.

Cuando uno de sus tíos vio que a él le gustaba ejecutar la guitarra a él también le interesó querer aprender por lo que él compró una guitarra, pero dos días después se la regaló a Juan Jacobo y él noche tras noche practicó hasta que aprendió a ejecutarla. Tocaba la guitarra en el coro de la Iglesia, algunos meses más tarde uno de sus tíos que estaba en Estados Unidos, le mandó una guitarra eléctrica para que aprendiera más.

Juan Jacobo era un muchacho sin vicios, no le había llamado la atención beber cervezas o bebidas alcohólicas ni fumar, tenía muchos amigos que le invitaban, incluso muchas veces le ofrecieron diciendo que si no tomaba la cerveza se la regarían en la cabeza, pero él nunca aceptó, además nunca le regaron la cerveza, quizá sus amigos se molestaron por un momento pero después de eso se contentaban y él lo hacía porque esas fueron las enseñanzas que su madre y sus abuelos le dieron a él y a sus hermanos.

Desde niño fue a la Iglesia con María su madre, ella le enseñó muchas cosas como orar, persignarse y obedecer los mandamientos de la Iglesia, ellos eran católicos y siempre iban cada martes a las reuniones que se hacía en la aldea y a misa cada mes cuando se hacía la misa en la aldea donde ellos asistían.

María y Ernesto siempre estuvieron muy orgullosos de su hijo y admiraban lo que hacía, fue así como él estaba en cada domingo que la Iglesia tenía participación en la parroquia del municipio donde vivían, además de eso estaba en cada cumpleaños o a donde iban a tocar los del grupo, además de eso él era un joven admirado, respetuoso y cualquier persona que lo conocía siempre hablaba bien de él.

Tenía diez años cuando hizo su primera comunión, lo hizo juntos con sus otras dos hermanas y cuando tuvo diecisiete, su madre le insistió para que hiciera su confirmación, estuvo estudiando un año completo para poder realizarla hasta que un día lo hizo en la parroquia de Tejutla, además de eso se quedaría esperando el sacramento del matrimonio hasta que llegara la persona indicada.

Un día empezó a ir más y más seguido a la Iglesia, así fue como empezó a realizar uno que otro canto para que lo pudieran cantar en la Iglesia donde él asistía, después que hizo el primero, hizo un aproximado de diez más, los cuales dejó como un regalo a los del grupo con los que ejecutaba su guitarra. Unos de sus cantos que realizó lo tituló: "NUESTRO DIOS ES AMOR", que fue uno de los que más sonaron en la Iglesia mientras Juan Jacobo estuvo allí.

Mientras su padre estuvo en Estados Unidos, él acompañaba siempre a su madre, y esperó hasta el acto de graduación en aquel año cuando se graduó, para volver a ver a su padre después de cinco años, porque él estaría muy orgullos de Juan Jacobo, además iba a ser un orgullo para Ernesto el saber que su hijo se graduaría, pero no sabía que lo haría con honores.

Después del acto de graduación en el teatro municipal de la ciudad de Quetzaltenango, se fueron a comer a la casa de una su tía que vivía en aquella ciudad, su madre le daría una sorpresa: "Le dio un anillo de graduación en el momento del almuerzo".

Después de estar algunos días en su casa, de pronto se vio en la necesidad de querer tener sus propias cosas y su propio dinero, empezó a buscar trabajo, buscó y buscó oportunidades y no las podía encontrar; siempre que encontraba algún anuncio en el periódico o cuando se enteraba de una u otra vacante en alguna empresa intentaba enviar su papelería, pero nunca se la recibieron, es más nunca le dieron importancia.

No le daban importancia muchas veces a los títulos o papelería que enviaban las personas recién graduadas, porque muchas veces no tenían la experiencia necesaria, pero ¿Cómo iban a tener la experiencia necesaria si se acababan de graduar? Porque quizá lo más importante era que alguien de la empresa los conociera y pudiera recomendarlos.

Pero realmente lo único que él quería era trabajar para poder ayudar a su familia también, pero al mismo tiempo para seguir estudiando en la Universidad o en fin, porque le habían dicho que con graduarse encontraría el trabajo ideal o el trabajo de sus sueños, pero la realidad nunca fue así, de tanto buscar y buscar encontró una oportunidad en una institución financiera, donde los requisitos principales eran:

- Ser graduado del nivel medio.

- 2 años de experiencia en puesto similar.

- 3 años de Universidad.

- Acostumbrado a trabajar bajo presión.

Se dio cuenta que no cumplía con la mayoría de esos requisitos que le pedían, pero pudo encontrar a un amigo de la familia que trabaja allí para que le pudiera ayudar a entrar.

Platicó con esa persona y habían llegado a un acuerdo, él lo había recomendado con los de recurso humanos y ahora sí podría hacer los exámenes para poder entrar a trabajar.

Se hizo la entrevista un domingo por la tarde, estaba sentado frente al gerente de Recursos Humanos de una institución financiera, estaba aplicando para el puesto de auxiliar de contabilidad, le habían dado la oportunidad de hacerse la entrevista y hacerse los exámenes correspondientes, en ese momento mientras se hacía los exámenes, dentro de su corazón le daba las gracias a esas personas por la oportunidad, pero sobre todo le daba gracias a Dios porque al final de todo era el plan que él tenía para su vida.

Esa tarde él hizo uno de los mejores exámenes a diferencia de las otras personas que habían estado en el mismo lugar aplicando para la misma vacante, quizá por tener las mejores notas en contabilidad cuando estudió. Le había servido mucho el haber aprendido demasiado.

A los ocho días de haberse hecho los exámenes y la entrevista, lo enviaron a hacerse una prueba psicológica, donde el resultado final sería para que lo pudieran contratar. Ese día que se la hizo, la persona que se lo haría le pasó varios exámenes para determinar algunas cosas que solo el que estaba evaluando sabía para que le servirían. Cuando él terminó, el psicólogo le dijo que en los siguientes días estarían llegando los resultados a aquella entidad financiera y que ellos le estarían llamando después para saber si se podía quedar con la plaza vacante o no.

Al pasar algunos días de espera, los resultados los estaban recibiendo en aquella empresa, donde aquel psicólogo había determinado algunas cosas, pero más se basó en la manera que él iba vestido. Un viernes por la tarde él se sorprendió cuando recibió una llamada de parte del gerente de Recursos Humanos, diciendo que él no podría laborar para esa institución porque el psicólogo había dado muy malas referencias de él, pero todo había sido un mal entendido de parte del psicólogo, porque en realidad Juan Jacobo no era la persona que él mencionó en su reporte y que después de unas horas se pudo resolver.

En el reporte el psicólogo decía que Juan Jacobo había llegado a la evaluación con una camisa del ejército, además que llevaba aretes en los oídos y que los pantalones los llevaba rotos, que tenía apariencia de maleante o de marero, además que durante la evaluación no dejó de hablar con los jóvenes que se habían ido a hacer la misma prueba que él.

En realidad lo que había pasado era que Juan Jacobo pensó que era un examen con cualquier médico y que no necesitaba ir vestido de manera formal, además ese día había mucho frío y decidió llevarse un suéter, tenía detalles del ejército pero no era nada malo que él estuviera usando un suéter, además llevaba con él sus auriculares para escuchar música durante el trayecto de su casa hacía aquel lugar en San Marcos donde iría a hacerse el examen. Y estuvo hablando con los demás jóvenes porque dos de ellos habían hecho su confirmación junto con él y los demás él solo los estaba conociendo y eso no tenía nada de malo.

Pero al final de todo esa fue la última prueba que él pudo superar, porque después de tanto buscar esa oportunidad, se la pudieron dar y fue así como pudo entrar a trabajar a aquella institución financiera.

Juan Jacobo siempre escribía frases o rimas en sus cuadernos o en algún lugar, ya que estaba tan enamorado de aquella linda mujer llamada Maricela, pero no la había podido encontrar nuevamente, pero el de todas maneras creía que se había enamorado a primera vista de aquella mujer bella.

Y estas son algunas de las frases que él escribía en su cuaderno de notas por ella:

"Mirándote en el camino, un hermoso pensamiento se me vino; por ti un pensador he sido y en un poeta yo me he convertido... Desde que te vi, yo me enamore de ti. Las veces que te he visto he querido hablarte y tan siquiera saludarte. Eres tan bella, como la luna llena, que alumbra mi faena, eres hermosa como la diosa que al mirarme me atrae como una cosa linda pegajosa".
"Cuando sientas que estas sola, que no hay nadie en el mundo; mira a tu alrededor que allí estaré yo".
"Si del cielo pudiera bajarte las estrellas y luceros, iluminaría tu noche con cada una de ellas".
"Las noches son largas sí el sueño es profundo, más las noches son cortas cuando te pierdes en el fondo de un abismo tan profundo".

"Cuando te canses de ver hacia el cielo y de esperar que de allí te caiga lo que tanto esperas, baja la mirada, puede que la hayes en el suelo lo que tanto esperas; porque pudo haber caído mientras cerrabas tus ojos cansados de tanto mirar el sol".

"Ésta fue una de sus últimas frases aquella noche antes de irse a trabajar, porque después de todo el primer día en su trabajo, sus ojos se clavaron en una hermosa mirada, porque ella estaba allí".

CAPITULO V
MARICELA

Aquella mañana gris de enero, cuando Juan Jacobo se presentó a trabajar por primera vez a aquella institución financiera, sus ojos se clavaron en aquella chica hermosa, preciosa y encantadoramente bella, con un rostro deslumbrante, ella tenía algunos días de estar trabajando allí, y era nada más y nada menos que aquella mujer de la que un día se había enamorado en aquel parque de su pueblo.

Ese día lunes en la mañana se había levantado muy temprano, el domingo en la noche había dejado puesta su alarma para que sonara a eso de las cinco y media de la mañana, le dijo a María su madre que le hiciera el favor de planchar su traje con el que había hecho su práctica antes de graduarse, aquel traje de color negro que le tallaba muy bien.

En cuanto se despertó, su madre ya estaba haciendo fuego en la plancha para hacerle el desayuno, después de eso ella le haría el favor de planchar su ropa, ella estaba muy orgullosa de él, pues su sueño de ella había sido ver a su hijo vestido con traje formal. Le planchó la camisa blanca y le alistó la corbata negra con líneas rojas, cuando él se puso el traje, a María le salió una lágrima de felicidad al ver de esa manera a su hijo.

Juan Jacobo desayuno apresuradamente a las siete de la mañana y se fue caminando como treinta minutos para esperar el bus que lo llevaría para Tejutla, tenía que caminar desde Nueva Esperanza hasta la aldea El Horizonte, de allí el bus o el carro que lo llevaría a Tejutla, se hacía de quince a veinte minutos, él estaría a tiempo.

En cuanto llegó al pueblo, se bajó del carro que lo había llevado, el chofer se paró en una esquina de aquella empresa donde Juan Jacobo empezaría a trabajar aquella mañana; cuando él se bajó estaban unos niños allí justo en esa esquina, los niños lustraban zapatos y le empezaron a ofrecer lustre para sus zapatos, el accedió porque sus zapatos tenían un poco de polvo encima. Sus zapatos quedaron muy brillantes y en ese momento se dio cuenta que muchas personas se le quedaban viendo, pues en realidad se miraba una persona diferente.

Pero él muy amable, empezó a darle los buenos días a aquellas personas que pasaban allí mientras a él le lustraban los zapatos, las personas pensaban: "Que joven tan educado, a diferencia de los otros estudiantes, que ni siquiera saludan", se decían entre ellos.

De pronto vio que entraban todas las personas a aquella empresa, todos vestidos con traje formal, algunos se miraban que llevaban prisa, después de todo ya era algo tarde, porque las puertas de la entrada principal se cerraban faltando cinco minutos para las ocho y los que no entraban antes de esa hora se quedaban esperando para entrar junto con los primeros clientes que ya esperaban haciendo fila en la entrada a la agencia.

Terminando de lustrarse los zapatos, se fue caminando hacia donde estaba la entrada, de pronto salió el gerente de recursos humanos a recibir a los nuevos, eran tres ese día incluyendo a Juan Jacobo, por lo que les dio la bienvenida y los pasó adentro. Los llevó a cada uno a su respectivo lugar de trabajo y los fue a presentar a su debido jefe o encargado.

A Juan Jacobo lo llevó a presentar a donde estaba la oficina de contabilidad, en cuanto llegaron, el gerente de Recursos Humanos abrió la puerta de Contabilidad, los demás ya estaban en su escritorio limpiando su equipo de computación y ordenando la papelería con la que trabajarían ese día.

Entonces el dijo: ¡Buenos días!, ellos respondieron de la misma manera llamándolo por su nombre. "Aquí les presento a un nuevo compañero suyo, su nombre es Juan Jacobo, él estará trabajando con ustedes y espero que lo apoyen de la mejor manera, él viene recién graduado de un colegio muy bueno del departamento de Quetzaltenango, por lo que me imagino trae mucho conocimiento para ponerlo en práctica, va a estar durante dos meses en prueba, después de eso, si esos dos meses son satisfactorios se va a quedar trabajando con nosotros durante mucho tiempo". Cuando terminó de decir eso se le quedó viendo a Juan Jacobo y le dijo: "Bienvenido, esta será la oficina donde vas a trabajar y ellos van a ser tus compañeros", refiriéndose a los que estaban allí en la oficina.

Después de eso se lo llevó a todas las oficinas, lo fue presentando a cada gerente, jefe o encargado, eso pasó en el segundo nivel de aquel edificio, ya que en el segundo nivel se encontraba todo el corporativo. En la planta baja se encontraba la agencia para atender a los clientes.

Se regresaron a la oficina de Contabilidad y el Contador General le asignó su escritorio y sus funciones y quien estaría a cargo de él para enseñarle todos los procesos correspondientes que se hacían en la empresa. A eso de las diez de la mañana, el Gerente de Recursos Humanos lo fue a traer, porque el Gerente general quería hablar con los nuevos y darles la bienvenida.

Después de que tuvieron la reunión con el Gerente General de aquella institución financiera, el Gerente de Recursos Humanos lo llevó a la planta de abajo a que conociera al resto de los gerentes, al jefe de agencia, los cajeros, y las secretarias, pero había una última secretaria que estaba ocupada con un cliente. Mientras Juan Jacobo y el gerente de Recurso Humanos estaban con los otros parados, hablando con el jefe de la agencia, aquella secretaria se desocupó, el cliente que estaba con ella no deja ver quien era y además la pantalla de la computadora le quedaba muy de frente. De pronto se dio cuenta el gerente de Recursos Humanos que ella se había desocupado, Juan Jacobo se había quedado observando a los cajeros la habilidad con la que ellos contaban el dinero, de repente el gerente de Recursos Humanos les dijo: "vamos la señorita ya se desocupó".

Al voltear a ver Juan Jacobo la mirada, ella era quien se encontraba allí, era aquella chica bella, que por mucho tiempo solamente había estado en sus sueños, él imaginó que ella ya llevaba mucho tiempo de estar trabajando en aquel lugar, aquella mujer que conocía pero desconocía, las que sus ojos no dejaban de ver y admirar, aquella figura hermosa que destellaba en su cuerpo perfecto y escultural, la belleza de la mujer perfecta.

Ella trabajaba de secretaria en atención al cliente de dicha empresa, pues se había graduado de Secretaria Bilingüe, después de ese momento Juan Jacobo se centró en querer llamar su atención, pero ella se hizo de la que no lo había visto y solo vio acercándose al grupo de cuatro personas hacia ella, los dos nuevos, Juan Jacobo y el gerente de Recursos Humanos.

Después de que el gerente los presentó él la vio de una manera delicada aunque ella se centró en su trabajo, vio a Juan Jacobo nada más de reojo, pero se impresionó mucho al verlo porque ella vio que era un joven muy atractivo, con el pelo algo colocho, de pestañas volteadas y de ojos bellos de color miel, ella pudo ver que el traje que llevaba puesto le quedaba muy bien, pero sobre todo, él tenía una mirada que enamoraba a cualquier mujer; pero ella supo disimular y no mostró ningún tipo de interés por él.

Después de ese día empezaron a cruzar una que otra mirada de vez en cuando, pero Juan Jacobo era muy tímido y no se animaba a ir a hablarle. Hasta que después de una semana, un día cansado solo de ver a aquella bella mujer allí atendiendo, una tarde fue decidido a saludarla, antes de salir del trabajo con la excusa siguiente:

- ¡Hola! ¿Qué tal como está?

Maricela respondió:

- ¡Muy bien gracias y usted! ¿Qué tal como está?

- Yo también estoy muy bien gracias, respondió, con una sonrisa tan grande como jamás la había tenido antes, porque en ese momento el motivo de su sonrisa había sido el haber escuchado la voz mas bella que jamás había escuchado antes. Luego Juan Jacobo le dijo:

- Mucho gusto, mi nombre es Juan Jacobo, creo que ya nos habían presentado, yo soy nuevo y pues trabajo en el departamento de Contabilidad, estoy para servirle por cualquier cosa que necesite. ¿Cuál es su nombre? Preguntó.

Ella sutilmente respondió:

- Mi nombre es Maricela y como me puede ver trabajo aquí en el área de atención al público y le dio una bella sonrisa.

- Si, puedo verla, dijo él, devolviendo la sonrisa de la misma manera, luego él preguntó:

- ¿Lleva mucho tiempo aquí en atención al cliente?

Y ella movió la cabeza en señal de no y le respondió:

- Llevo ya algunos meses, después de que me gradué. Hice mis prácticas aquí y pues ya ve, la suerte estuvo de mi lado y me contrataron de una vez.

- Eso es muy bueno, porque muchos después de que nos graduamos nos cuesta encontrar trabajo, afirmó él.

- Yo a penas llevo unos días de haber empezado y siempre la he visto muy ocupada por eso la verdad no me animaba a venir a hablarle, después que el gerente de Recursos Humanos nos presentó, Dijo él.

- Acaso asusto, dijo ella riéndose un poco más.

- Entonces él le devolvió la mirada y dijo: La verdad no asusta, pero tiene la sonrisa muy bella.

- Ella le dijo: Muchas gracias por el cumplido, pero quizá no lo sea, pero de todas maneras, le agradezco que piense de mí de esa manera y voy a tomar muy en cuenta su ayuda cuando la necesite.

- No tiene nada que agradecer, solo he dicho la verdad, le dijo Juan Jacobo.

Después de eso, Juan Jacobo le dijo que tenía que irse porque ya se había atrasado unos minutos y que aún estaba en prueba y tenía que regresar a trabajar. Ella le dijo que estaba bien, entonces él se despidió con una sonrisa en su mirada y ella se la devolvió.

Cuando Juan Jacobo regresó a su escritorio y estando en ese momento frente a su computadora, no podía ocultar en su sonrisa la felicidad que le había causado el poder conocer a aquella hermosa mujer, que durante mucho tiempo siempre estuvo en su pensamiento, que día tras día era el motivo de sus sonrisas y noche tras noche era el motivo de sus sueños, el motivo que le llevaba a querer estar en aquel pueblo buscando la manera o la oportunidad de poder verla.

Empezó a recordar como en algún momento ella le había gustado desde hace mucho tiempo atrás, pero que no la había podido encontrarla o verla nuevamente, que en muchas ocasiones cuando había llegado de Quetzaltenango donde estudiaba, se bajaba del bus con la esperanza de poder encontrarla nuevamente y como al final de todo la había podido encontrar allí en el mismo lugar donde trabajaba ahora, como la vida lo premió de esa manera al encontrar allí a aquella sonrisa tan hermosa, aquella mirada que enamoraba a cualquiera.

Sus ojos se llenaron de felicidad y su corazón palpitaba sin cesar y además de eso no podía creer que hace cinco minutos hablaba con aquella mujer que tanto le encantaba, aquella mujer que era la dueña de sus sueños y quizá en ese momento se estaba convirtiendo en su inspiración.

Ella era una chica alta a comparación de las demás chicas, ella era de un metro sesenta y cinco centímetros, su cuerpo delgado y su pelo ondulado, con unos labios perfectos que la hacían ver hermosa, su nariz hacía que ella se viera muy bella, sus ojos eran del color de la miel, porque en su mirada se podía sentir lo dulce de su alma.

Y a partir de ese momento y de ese día, empezaron a cruzar palabras todos los días y a través de los días, pasaron las semanas, Juan Jacobo siempre con la ilusión de poder verla todos los días, se levantaba a las seis y media de la mañana, se bañaba, planchaba su traje, así como su camisa blanca, además alistaba su corbata, mientras María su madre le preparaba su desayuno.

Luego él arrancaba su motocicleta honda de color blanco con sillón de color rojo, modelo ochenta y tres, que su tío le había regalado, algunas semanas después de que él había empezado a trabajar, porque la motocicleta estaba en el taller y su tío no había tenido el dinero necesario para poder arreglarla y además de eso él tenía otra motocicleta para poder ir a dar clases ya que él era maestro. Su tío se la regaló porque había visto que su sobrino se iba caminando todos los días y sudaba yendo con el traje puesto, además Juan Jacobo siempre se portó muy bien con él.

Al llegar a aquel edificio donde se encontraba trabajando, dejaba su motocicleta parqueada en la parte de abajo, allí había un garaje donde él podía dejarla parqueada para que no se la robaran, además había un lugar donde se quitaba su traje de motorista, después de eso pasaba por la puerta de acceso y marcaba con su tarjeta que registraba la hora de entrada. Después se pasaba a dar una pequeña vuelta donde se encontraba la agencia en la parte de abajo del edificio solo a saludar a Maricela.

En cuanto llegaba a su escritorio, limpiaba su computadora, su sumadora, su impresora y su escritorio, al mismo tiempo encendía su computadora para iniciar su trabajo del día. Mientras su computadora encendía él iba a donde se encontraba el dispensador de agua, en su vaso agarraba un poco de agua caliente y se la llevaba para donde estaba su escritorio y sacaba su café instantáneo y se preparaba un café, esto lo repetía todas las mañanas, esa era su rutina.

De pronto los meses habían pasado con la misma rutina, mientras su amor por Maricela crecía día con día, él simplemente no podía decirle lo mucho que ella le gustaba a él y lo mucho que la pensaba por las noches, tampoco se atrevía a decirle que ella era la persona que iluminaba sus días.

Juan le había pedido su número de celular, pero hacer llamadas a diario era muy difícil, porque salía muy caro, se pagaba a un quetzal con cincuenta centavos el minuto para llamar. Pero un tío de Juan Jacobo tenía un plan en su celular que era de llamadas ilimitadas a todos los números que pertenecieran a esa compañía y con solo seis quetzales al día, él podía pasarse hablando por celular el tiempo que él quisiera. Así que por las noches Juan Jacobo le pedía a su tío que le hiciera el favor de hacer una transferencia para poder hablar con aquella chica bella.

De esta manera fue como empezaron a contar sus historias de sus vidas, Juan Jacobo le contaba siempre de lo que había pasado cuando estudiaba en la segunda ciudad más importante de Guatemala, ella también le contaba historias de cuando estudió en aquel colegio muy famoso del pueblo aquel que un día sería la inspiración de Juan Jacobo.

Siempre compartieron cosas muy bellas, historias hermosas que a ambos le habían sucedido y cada día que pasaba la confianza entre ambos crecía más, muchas veces se ponían a molestar, hasta que una vez la mamá de Juan Jacobo le dijo que hablara formalmente y no cosas así, porque eso no era de un profesional. (hacían chiste de cualquier cosa y se reían a carcajadas).

Maricela se iba en un bus hacia su hogar, el bus en el que se iba ella salía a las seis y media de la tarde y Juan Jacobo a veces salía cinco minutos antes de esa hora o a veces más tarde, por lo que no se podían ponerse de acuerdo para verse a la salida, además ella era una mujer responsable y además no quería que se enteraran que ellos estaban hablando muy seguido, aunque solo lo hacían como amigos.

Juan Jacobo Trabajaba de domingo a viernes medio día y Maricela trabajaba de lunes a sábado medio día, Juan Jacobo empezó a estudiar en la Universidad la carrera de Auditoría los días sábados, porque él no se quería quedar solo con el nivel diversificado, él quería seguir en la Universidad hasta graduarse.

"No hay entre el cielo y la tierra un amor que se pueda esconder tanto, así como no hay lucero que deje de brillar, el amor que Juan Jacobo sentía no se podía ocultar ni mucho menos apagar, porque había crecido y cada día se hacía mas fuerte".

CAPITULO VI
UNA DECLARACIÓN DE AMOR

Ella era su mundo, era el motor, era la respiración que le daba vida, aunque solo pensaba en ella, ella hacía cambiar su mundo, enamorado desde hace mucho tiempo atrás sin saber de que manera poder conquistarla, pero quizá ese día pronto llegaría, quizá ese día no estaba lejos, ni muy cerca, las cosas se irían dando de la mejor manera.

La vida te da mil vueltas, todo cambia en un momento, hoy estás en donde estás, mañana, ¡quién sabe!, por eso disfruta momento a momento, segundo a segundo lo que la vida te ofrece. Juan Jacobo se encontraba en incertidumbre, no sabía que hacer, estaba tan enamorado de aquella hermosa mujer llamada Maricela, en sus sueños ella aparecía cada noche, la podía ver sonreír, dándole la mejor sonrisa solo a él, la podía observar, podía contemplar sus labios, su pelo, podía escuchar su voz, podía ver sus ojos de color miel, podía sentir el calor de su mirada, podía sentir el fuego del amor, pero cuando despertaba todo solo era un sueño que él no podía hacer realidad.

Maricela siempre se iba en aquel bus, todas las noches al salir de aquella agencia financiera, Juan Jacobo no se atrevía a decirle que lo esperara y que él la iría a dejar hasta su casa, después de todo el amor estaba prohibido en aquella empresa y no los podían o debían verlos juntos por mucho tiempo, porque ambos podían perder su trabajo y Juan tenía miedo, después de todo había sido muy duro entrar a trabajar a esa empresa.

Ella optó por alquilar un cuarto para poder dejar algunas de sus cosas junto con unas amigas con las que habían estudiado, ya que algunas veces se quedaba haciendo algunos reportes y cuando salía ya no había bus para poder regresar a su hogar. Pero en todo ese tiempo a Juan Jacobo no se le había dado la oportunidad que tanto estaba esperando y no se atrevía, era tímido y muchas veces solo pensó en el rechazo, porque aquella mujer, era la mujer más hermosa del pueblo.

¿Quién sería el dichoso hombre que pudiera bajarle el cielo y las estrellas a aquella mujer hermosa? ¿Quién sería el afortunado que pudiera captar la atención de aquella diosa?

Aunque parte del camino que conducía hacía la casa de ambos, era el mismo, este se apartaba muchos kilómetros antes de que Juan Jacobo pudiera llegar a su casa. Ellos platicaban muchas veces en aquel lugar donde trabajaban, pero solamente como amigos, aunque Juan Jacobo estaba enamorado profundamente de ella, solo se le podía ver reflejado en sus ojos cuando la miraba.

Un día se levantó a eso de las 7 de la mañana, mientras su madre le servía el desayuno, el había ido a arrancar su motocicleta como siempre lo hacía todas las mañanas. La tarde anterior, se había comprado un perfume nuevo y quería estrenarlo, había planchado su camisa blanca y su pantalón azul de tela de la mejor manera. Se vistió y mientras se miraba al espejo se dio cuenta que él también era un hombre muy atractivo, sonrió y se guiñó el ojo a sí mismo mientras se decía: Juan Jacobo, eres tan guapo que ojalá ella pudiera darse cuenta que le gustas mucho.

Esa mañana se fue hacia su trabajo, en cuanto salía de su casa se persignó de tal manera como lo hacía todas las mañanas en el momento que aceleraba su moto, jalaba el clutch y metía la primera velocidad. Salió de su casa, se incorporó a la carretera que pasaba abajo de su casa, pasó despidiendo a sus abuelos, mientras en su mente oraba a Dios para que le fuera bien en el camino y en su trabajo.

Mientras pasaba por las montañas aquellas que estaban abajo de su casa, pasó por un riachuelo que quedaba antes de salir a la carretera principal, el sol apenas alumbraba por ese lugar, volteó la mirada hacia el cielo y suspiro mientras se conducía en su motocicleta: "Y si le regalo unos chocolates, una rosa o algo más" pero ¿Qué podrá hacer que ella se enamore de mí? Pensaba dentro de los más profundo de su ser.

Llegó a su trabajo y buscaba la solución para poder hacer algo para que ella se diera cuenta al fin de tanto que aquel hombre estaba enamorado de ella. Empezó su día con una taza de café mientras se sentaba en su escritorio y empezaba a revisar algunos documentos de importancia que tenía allí, lego envió algunos correos electrónicos que tenía pendiente, pero esa mañana no dejaba de pensar en que le gustaría a aquella hermosa chica llamada Maricela.

De pronto llegó la hora del almuerzo, fue al lugar donde siempre almorzaba, en unos comedores que estaban adentro del mercado municipal y mientras se dirigía a comer, en algunos puestos de venta que se encontraban vacíos en el mercado de lunes a viernes, vio una pareja, eran novios y vestían el uniforme de algún colegio de los que funcionan en el pueblo, él solo sonrió y en ese momento se imaginó la manera que hubiera sido, si él hubiera estudiado junto con Maricela.

Cuando regreso del almuerzo, había estado un buen rato en el parque del pueblo, además había estado caminando por el corredor del mercado municipal, se había parado por unos momentos a observar desde aquel corredor el volcán de Tajumulco que era el fiel centinela de Tejutla, observó a la gente caminar por aquellas calles empedradas, algunos con prisa, otros parados en la fuente del parque, otros lustrándose los zapatos en los puestos de lustre que están en el parque. A lo lejos se escuchaba un señor con una bocina anunciando las noticias que habían salido en el periódico.

Seguía observando, de pronto levantó la mirada hacia la punta del volcán y miró hacia el cielo, unas cuantas nubes grises se apreciaban y otras rodeaban las montañas que están cerca del volcán, en la fuente del parque se podía ver las aguas cristalinas que brotaban allí, además pudo observar como algunos jóvenes, iban apresurados porque iban para sus clases, en los colegios o institutos que estaban en el pueblo pero ya iban algo tarde.

Vio su reloj que llevaba en la mano izquierda, y se dio cuenta que ya no tenía mucho tiempo para estar afuera y se fue de nuevo a trabajar, pero en cuanto se dirigía hacia aquel lugar donde trabajaba, se topó con una de sus hermanas y ella le dijo: "Te mandaron saludos", y él solo sonrió mientras la saludaba con una abrazo, después de saludarla le preguntó que estaba haciendo allí.

Su hermana lo estaba molestando porque sabía que él se moría de amor por aquella chica llamada Maricela y le dijo: Fui a la agencia bancaria donde trabajas a que me aperturaran una cuenta de ahorro y ella estaba allí y la verdad está muy linda como para que te haga caso. En eso se empezó a reír a carcajadas, luego se despidieron y su hermana le dijo que llevara pan esa tarde para disfrutar con una taza de café junto al fuego.

Al entrar a aquel lugar donde trabajaba, no dejaba de pensar en aquella mujer bella nuevamente y se decidió, se dijo a sí mismo que al fin de tanto le declararía su amor a aquella chica, pero no sabía como, así que recordó que en él había algo llamado inspiración, mientras encendía nuevamente su computadora, le escribió un poema que decía:

BAJO EL OSCURO DE LA NOCHE

Bajo el oscuro de la noche profunda
y el reflejo de la luna y las estrellas
yo pensaba en una chica bella y linda
hermosa, preciosa y nadie más como ella.

Su pelo negro como la noche
sus ojos como luceros florecentes
y su tierna mirada encantadora
que a cualquier hora me enamora.

La quiero desde el primer día que la vi
el reflejo de sus ojos llevo en mí
y en mi mente está enterrada su mirada
y mi corazón que no deja de latir por mi amada.

Escrito ha quedado en mi corazón
su nombre y también en mi canción
su rostro bello se clavo en mi pecho
me ha enamorado y no sé como lo ha hecho.

Él escribió el poema en su computadora, lo imprimió, pero para poder entregárselo lo tenía que firmar con algún nombre o algo que hiciera que Maricela se acordara de él, entonces lo firmó con la siguiente frase: "atentamente, tu poeta escondido", haciendo origami lo dobló en forma de corazón y se dijo a sí mismo que se lo entregaría al salir, y así lo hizo, esa tarde al salir del trabajo, salió a la misma hora que ella, la alcanzó y la saludo diciendo:

- ¡Hola! ¿Qué tal, cómo estuvo su día?

- ¡Muy bien gracias! Dijo ella con una sonrisa tan agradable para los ojos de Juan Jacobo

- ¿Y usted que tal estuvo su día? Preguntó ella con un tono suave y dulce que salieron de sus labios,

- Pues también muy bien gracias, algo cansado como todos los días, que los ojos a veces me duelen por estar tanto tiempo frente a la computadora. Respondió él, de la manera más atenta.

- Me imagino que ya se va su bus ¿verdad? Preguntó él.

- Si, voy a ir a apartar lugar, porque a veces cuesta agarrar lugar cuando el bus ya esta lleno, dijo ella.

Después de eso, Juan Jacobo la acompañó hasta aquel lugar donde estaría el bus y se fueron platicando acerca de algunas de las cosas que habían hecho durante el día en la agencia bancaria, después de eso, llegaron a donde estaba el bus, ella subió a dejar un suéter que llevaba en sus manos y lo colocó en un sillón del bus, con eso apartó su lugar y se bajó, Juan Jacobo la estaba esperando allí en el otro lado de la calle.

Luego Maricela le dijo que tenía que hacer otras cosas, entonces Juan Jacobo le dijo:

- Antes de que se vaya, sería para mí un honor el poder entregarle a usted esto. En ese momento sacó el corazón de origami que había hecho, con el poema aquel. Mientras sus manos temblorosas salían del lugar donde llevaba el origami aquel, sus ojos se clavaron en la mirada de ella.

- ¡Muchas gracias, eso se ve muy hermoso!, dijo ella, con una sonrisa ahora más grande a diferencia de cuando la saludó Juan Jacobo, sus ojos le brillaron como las estrellas y luceros.

- Que lindo detalle de su parte, pero tengo que ir a traer algo que mis papás me encargaron, además de eso ya casi se va el bus. Dijo ella.

- Esta bien, espero que le guste, dijo él con una voz tímida. Después de eso se despidieron dándose un beso en la mejía como lo hacen los amigos allá en el pueblo aquel.

Juan Jacobo se fue hacia aquel lugar donde había dejada recomendada su motocicleta, luego se fue para su casa, pero se recordó que su hermana le había dicho que llevara pan, entonces decidió irse por la calle que conduce a la salida y no tomó el atajo que tomaba siempre. Pasó por una panadería que esta en la salida de Tejutla y allí compró diez quetzales de pan para llevar para su casa, tal como su hermana le había dicho.

Maricela había puesto el corazón de origami justo en su bolsa derecha de su pantalón y se fue a comprar pan también, ya que a sus papás les gustaba disfrutar de una taza de café acompañado de pan por las mañanas o por las tardes sentados frente al fuego como es de costumbre en el pueblo de Tejutla.

Después que se subió al bus, tenía la curiosidad de saber que era lo que decía el origami, pero no se atrevía a abrirlo, pues decía encima "ábralo cuando llegue a su casa", en el bus mientras ella iba, el chofer llevaba puesto el radio a todo volumen y en la radio sonaban canciones gruperas y románticas de los años noventa como aquellas canciones de los temerarios, los bukis y otros.

Maricela iba contemplando el paisaje que se observaba, la luz de la luna se empezaba a ver, pero apenas se podía observar atravesando las hojas y las ramas de los árboles que se encuentran en la orilla de la carretera. Además el ruido del bus se escuchaba muy fuerte al acelerar.

Mientras Juan Jacobo manejaba su moto, iba con la duda si Maricela ya había abierto el origami o aún no, con la duda si ella ya habría llegado a su casa, ya que Juan Jacobo en su moto se realizaba veinte minutos del pueblo hacia su casa a diferencia del bus que se tomaba más tiempo, después de todo este llevaba consigo a todos los estudiantes e iba parando a cada ratos.

Pronto llegó Juan Jacobo a su casa, había pasado en una tienda a realizar una recarga a su teléfono celular, un celular de pantalla táctil que se había podido comprar con el primer sueldo que le habían dado cuando empezó a trabajar en aquel lugar, un celular que le había costado quinientos quetzales.

Saludó a María su madre y a sus hermanos, los cuales estaban sentados frente al fuego de la plancha, cuando Juan Jacobo llegó hablaban de muchas cosas y se reían a carcajadas, pero él llegó a ponerle sabor a la fiesta. Los saludó diciendo:

- "Hola a todos, yo soy el león, aquel que ruge como bestia, pero tiene un gran corazón", mientras decía eso, su familia se reía de lo que él le había dicho, entonces su hermano se levantó de donde estaba sentado y le dijo:

- "Más bien sos el león pero al que le rugen los pies porque no se ha bañado" y todos se empezaron a reír, entonces el les dijo que había llevado pan para que comieran.

Su mamá tan servicial como siempre le dio de cenar, sirviéndole primero una taza de café por el frío, luego le pasó un pan de los que él había llevado, después de eso le sirvió un buen plato de espagueti que eran sus fideos favoritos, acompañados de tortillas recién salidas de la plancha, tortillas hechas a mano, por María su madre o alguna de sus hermanas.

Maricela en su casa pasaba por lo mismo, a diferencia de ella, era la única mujer que quedaba en casa, porque la mayoría de sus hermanos eran más grandes que ella y se habían marchado unos a la capital y otros para Estados Unidos, incluso uno que otro se había casado ya.

Cuando ella llegó a su casa también su mamá le sirvió su cena, pero ella pasó a su cuarto a dejar su bolsa que llevaba siempre con ella, aquella bolsa negra con detalles muy hermosos, donde guardaba todas sus pertenencias de mujer y donde había puesto el origami que Juan Jacobo le había regalado.

Tuvo la curiosidad de abrirlo mientras miraba a su alrededor, en su espejo que estaba en su cuarto pudo notar que su sonrisa ahora era más grande. Pero en eso escucho una voz tan dulce diciéndole que la comida se estaba enfriando.

Su madre le había cocinado un huevo y se lo había acompañado de queso de las vacas que la mamá de Maricela y el papá cuidaban, además con dos pedazos de plátanos fritos, crema y frijoles volteados, que eran los mejores que la mamá de ella podía cocinar. Además con tamales tostaditos que habían sido envueltos en hoja de doblador, pero que los habían recalentado en la plancha.

Terminando de cenar, Maricela se fue a su cuarto, mientras ella sacaba el origami de corazón que Juan Jacobo le había dado, recibió un mensaje de él que decía:

- ¡Hola!, espero que le haya ido bien en su viaje y que además de eso ya haya cenado, por lo cual le deseo un buen provecho. Ella lo leía con una sonrisa en el rostro y le respondió:

- ¡Hola! Ya he cenado, muchas gracias e igualmente, espero que haya llegado bien y que haya cenado también. Pero cuando quiso enviar el mensaje este no se envió porque su saldo había expirado, entonces no tuvo de otra que enviarle un mensaje por cobrar, ya que la tienda para recargar saldo no quedaba cerca de donde ella vivía.

Juan Jacobo al darse cuenta que le había respondido con un mensaje por cobrar, él decidió leerlo, luego se dio cuenta que era lo que ella le decía y respondió:

- Muchas gracias, ya cené también. Espero que le guste lo que le dí, dijo él.

En ese momento Maricela empezó a abrir el corazón de origami y se dio cuenta que dentro de él aparecía una hermosa poesía, sus ojos se clavaron en esas letras, solo una sonrisa pudo notarse en su rostro bello, leyó el poema y se dijo a sí misma: "¿Por qué tu poeta escondido? Después de eso le respondió a Juan Jacobo diciéndole:

- Ya lo abrí, la verdad esta muy lindo, gracias por sus palabras escritas.

- Juan Jacobo le respondió diciendo: "Que bueno que le haya gustado" y ¿Qué piensa de eso? Le preguntó él.

Pero ella ya no le pudo responder porque se le terminaron los mensajes que tenía disponibles, ya que en esa fecha y en aquel entonces aún los usos del internet no eran tan comunes, mucho menos las redes sociales, cuando no se tenía el saldo suficiente solo tenía opción de mandar 5 mensajes por cobrar.

"Cuando se ama o se está enamorado de una persona, se hace todo lo posible para poder conquistar de una u otra manera su corazón y ganarse su atención".

CAPITULO VII
UN RELACION PROHIBIDA

En aquella empresa donde Juan Jacobo había empezado a trabajar, las relaciones amorosas estaban prohibidas entre empleados, según las políticas porque al final de todo se crean ciertos favores hacia la pareja. Y muchas veces en los cumplimientos de deberes no se llevan a cabo de la mejor manera.

Esa noche Juan Jacobo solo pudo recibir un mensaje por cobrar de Maricela, pero él ya no pudo leerlo porque ya no tenía el saldo suficiente para aceptarlo. Se durmió pensando en que era lo que ella había pensado acerca del poema tan bello que él le había escrito.

De pronto le mandó mensajes por cobrar a su tío para que le llamara, en dado caso que su tío hubiera tenido saldo ilimitado, él le devolvería la llamada en cuanto pudiera, pero esa noche su tío no había activado su plan, por lo que no le llamó y él se quedó con aquel nudo en la garganta, ansioso por querer saber lo que aquella hermosa chica había pensado.

Se sintió impotente, quería arrancar su moto y salir corriendo a buscarla, porque quería saber que era lo que ella había pensado y si realmente le había gustado tanto como ella le había dicho al principio, además quería saber que era lo que ella había pensado acerca de que alguien le pudiera escribir un poema, pues era la primera vez que Juan Jacobo le escribía algo a alguien o que hacía algo diferente por alguien.

Se durmió pensando que era lo que la mañana siguiente le esperaría. Las horas para dormir se pasaron muy rápido, cuando de pronto sonó la alarma de su celular, eran las seis de la mañana y media, tenía que levantarse porque tenía que irse a trabajar.

Maricela, aquella noche se quedó leyendo por varios minutos una y otra vez el poema aquel, aunque quizá al principio no entendía o no sabía como leer un poema, poco a poco le fue tomando las ideas, sus ojos se clavaban en las palabras que Juan Jacobo había utilizado para describir lo que sentía por ella.

Aunque en el fondo de su corazón a ella también le gustaba Juan Jacobo pero no se atrevía a demostrarlo, pero a partir de ese momento, las cosas empezaron a cambiar, porque a ella nadie, antes ni después le regalaron poemas.

Se durmió pensando que el día de mañana quizá sería distinto, que quizá el amor estaba tocando las puertas de su corazón y se durmió pensando en que si Juan Jacobo algún día le pedía que fuera su novia quizá ella aceptaría.

El otro día en la mañana Juan Jacobo se levantó como todos los días, pero esta vez, se levantó media hora antes y se fue al campo de fútbol que quedaba abajo de su casa y se fue a correr, hizo uno que otro ejercicio porque quería mantenerse en forma, pero también había un motivo más, ese motivo era ella. Aunque a Juan Jacobo le gustaba jugar fútbol y era uno de los mejores jugadores que su equipo tenía, él necesitaba practicar y seguir demostrando que era el mejor.

Se fue para su trabajo, esta vez se rasuró por primera vez el mentón, ya que tenía unas cuantas barbas que le habían crecido demasiado y no se las había rasurado, así mismo se rasuró el bigote, porque quería darle su mejor imagen a aquella hermosa mujer que estaba seguro, miraría ese día nuevamente. Él nunca se había rasurado en su vida la barba y ya era tiempo de verse más joven, después de todo apenas tenía dieciocho años recién cumplidos.

Entró a trabajar, marcó con su gafete la hora de entrada, había llegado cinco minutos antes y como siempre era de costumbre, limpió su escritorio, lo ordenó, encendió su computadora, y se hizo una taza de café, revisó sus correos y en ese momento el Contador General lo llamó a su escritorio, él se fue pensando en que algo malo le iba a decir, pero no fue así, el le entregó una carta donde decía: "Como Gerente General de esta institución y en nombre del concejo de administración le doy la más cordial bienvenida a este equipo de trabajo, queda usted formalmente contratado como Asistente de Contabilidad, el presente contrato es por tiempo indefinido". Eso alegró el corazón de Juan Jacobo, en ese momento le enviaron sus usuarios y contraseñas, porque al final de todo había pasado el tiempo de prueba.

Al mismo tiempo Maricela hacía lo mismo, limpiaba su escritorio y su computadora, arreglaba todos sus documentos y mientras ella lo hacía, ella no dejaba de pensar en aquello que Juan Jacobo le había dado la tarde anterior, aquel poema envuelto en un corazón en forma de origami. Ella lo había guardado en su ropero junto a unas fotos que tenía cuando era una niña.

Cuando Juan Jacobo se fue al almuerzo ese día, pensó que se la encontraría, pero a ella le habían cambiado su horario por una nueva compañera que había iniciado en aquella agencia, ella saldría más tarde.

Mientras el amor de Juan Jacobo crecía por ella, así los días pasaban, él cada vez que podía la miraba, por las noches no dejaba de suspirar por ella, así como siempre pensaba en ella, recordaba aquella vez cuando la vio por primera vez y cuando la encontró en aquel mismo lugar donde trabajaba.

En la tarde la fue a esperar, él había salido un poco antes, ya que había entregado a tiempo los reportes que tenía que hacer. Después de todo era un viernes. Entonces, parado cerca del bus, llevaba con él una rosa que había pasado a cortar en el jardín del parque y había comprado una tarjetita en una venta de regalos.

Mientras veía como se acercaba al bus aquella hermosa mujer, se decía a sí mismo que era lo que le diría a ella y las palabras que utilizaría, pues ya se había puesto nervioso, además las manos le empezaron a sudar, su corazón se aceleró y las palabras se ahogaban en su garganta.

¡Es que era tanta la belleza que deslumbraba de aquella mujer! De pronto se dio cuenta que se había acercado lo suficiente y le dijo:

- ¡Hola, Maricela! ¿Será que puedo hablar con usted?, con una voz que le temblaba, aunque a pesar de todo, él tenía una voz que parecía de locutor.

- ¡Guau! Eso me sorprende, como es eso que usted quiera hablar conmigo. Replicó ella, queriéndose subir al bus.

- No es nada malo, no piense que son cosas malas, respondió él con una voz tímida.

- ¡Espéreme! Solo subo a apartar lugar y a dejar mi bolsa al bus, dijo ella con una voz tierna que hacía temblar el corazón de Juan Jacobo de la emoción.

Subió a apartar su asiento en el bus, que aún se encontraba algo vació, después de todo no habían salido los estudiantes de un colegio con los cuales el bus se terminaba llenando. Había apartado lugar junto a la ventana derecha porque quería ir viendo la luz de la luna.

Después de eso ella se bajó del bus, Juan Jacobo la estaba esperando en la puerta, mientras contemplaba quienes de sus amigos se iban a ir allí en ese bus esa noche. Se fueron a platicar para la parte de atrás del bus, se sentaron en la banqueta de la calle y hablaron de muchas cosas, cosas que habían hecho durante el día, algunas cosas que habían incluso pasado en su vida.

De pronto Juan Jacobo le preguntó acerca del origami de papel en forma de corazón que le había regalado y en ese momento ella le dijo que leyó el poema, que le había gustado pero que cuando le quiso responder ya no pudo porque no tenía mensajes, además le dijo que nadie había hecho antes nada por ella como lo que Juan Jacobo estaba haciendo.

Juan Jacobo en ese momento se sentía muy especial, se le quedó viendo fijamente a los ojos, descubrió que a pesar de que estaba algo oscuro ya, que el sol se había ocultado por completo allá atrás de las montañas, se podía contemplar en su mirada bella, sus ojos de color miel que lo cautivaron.

Juan Jacobo el hombre enamorado de una hermosa mujer, con aquellas ganas de querer besarla, con aquellas ganas de poder darle un abrazo y decirle a gritos lo que sentía por ella, se había clavado en la luz de su mirada, en la luz de sus ojos y la belleza de su sonrisa.

De pronto Juan Jacobo, desde lo más profundo de su ser, viéndola a los ojos, con su traje de motorista y su casco en la mano le dijo:

- Maricela, desde que le vi hace mucho tiempo atrás, yo empecé a sentir algo muy especial por usted, la busque y no había podido encontrarla. ¡Sabe! "Tiene mucho tiempo que he esperado este momento para poder decirle lo que siento, para poder hablarle de este sentimiento que un día sin querer creció, ¿De qué manera? No lo sé, solo sé que sucedió, cuando menos lo esperé la encontré, aunque un día la soñé y en mis sueños, desde allí la amé. Usted me gusta demasiado, me gusta mucho su forma de ser, su manera de actuar y de querer salir adelante".

Cuando estaba a punto de preguntarle algo, el chofer del bus empezó a bocinar, anunciando que se iría pronto, entonces ella le dijo que lo disculpara porque ella tenía que irse, aunque Juan Jacobo quería ir a dejarla, no podía quizá porque ella no se lo iba a permitir.

Juan Jacobo se quedó con las ganas de seguir declarándole su amor, pero ella se estaba marchando, lo despidió con un abrazo fuerte y un beso en la mejía, él sintió que el cielo había bajado, porque así lo hizo sentir ella, un hombre especial.

Aunque Juan Jacobo se estaba despidiendo de ella le dijo:

- Quizá las palabras se las lleva el viento, pero este sentimiento ha crecido con el tiempo y aunque quizá no me crea, yo por usted es sincero lo que en realidad siento. ¡Cuídese mucho!

Maricela se subió al bus, solo lo volteó a ver y le dio una de las mejores sonrisas, ella iba subiendo la primer grada del bus cuando llegó una de sus amigas, juntas se subieron al bus y se fueron a sentar juntas en el asiento que ella había apartado. Se preguntaron una a la otra como les había ido durante el día y luego se empezaron a reír de algunas cosas que a la amiga le habían pasado.

Cuando ella se despidió de Juan Jacobo el quedó con la ganas de seguir hablando con ella, mas sin embargo ella se fue, porque el bus donde se iba, estaba por irse y no había de otra, Juan Jacobo no la podía ir a dejar, porque no podían verles juntos, además Maricela a pesar de todo no podía llegar de esa manera, porque el papá siempre la esperaba donde la dejaba el bus.

Juan Jacobo se fue caminando hacia donde estaba estacionada su motocicleta, se fue a la esquina del mercado municipal, allí había una señora vendiendo tamales de carne, chuchitos, panes con pollo, arroz con leche y chocolate, entonces él estacionó su motocicleta allí en esa esquina, se bajó sigilosamente, apagó su moto, se quitó el casco, lo puso en su mano a la altura del codo y se fue a sentar.

- ¡Buenas noches doña Clemencia! Dijo él de manera muy respetuosa.

- ¡Buenas noches Juan Jacobo! dijo la señora que estaba atendiendo allí; además las hijas de la señora le conocían y lo saludaron también.

- Deme un vaso de arroz con leche, pero si puede échele la mitad de arroz con leche y le echa la otra mitad de chocolate, eso estaría perfecto, le dijo Juan Jacobo a ella.

- ¿Solo el atol quiere Juanito? Preguntó doña Clemencia,

- Podría darme diez tamales para llevar también, lo que pasa que quiero llevárselos a mi mamá para cenar, porque la otra vez le llevé unos y a ella le gustaron mucho, dijo él.

- Esta bien Juan Jacobo, ahorita se los coloco en una bolsa de plástico para que se los lleve a su madrecita linda que lo ha de estar esperando con ansias, dijo doña Clemencia.

Mientras él disfrutaba de su atol, muchos pensamientos pasaron por su mente, se recordó del momento en el que él estaba hablando con Maricela, surgió una sonrisa en su rostro y en ese momento doña Clemencia se le quedó viendo y le dijo:

- Juan Jacobo, se ve que usted esta muy enamorado, se le nota en la sonrisa de su rostro, replicó ella.

- No, como cree doña Clemen, dijo él. La sonrisa es porque el atol estaba muy delicioso y pues me lo terminé muy rápido, y se rieron con doña Clemencia.

- ¡Muchas gracias! Dijo él, agradeciendo por la comida como es de costumbre en el pueblo, en la aldea e incluso en su familia.

Después de eso él se despidió de doña Clemencia, ella le dio la bolsa con los tamales de carne que había pedido, él los colocó en su mochila. Además se despidió de sus hijas de doña Clemencia y en ese momento había llegado el esposo de ella, eran unas muy buenas personas.

Se subió a su motocicleta, la encendió de una patada, utilizando el pedal de arranque, pues en esa época las motocicletas de encendido eléctrico aún no estaban de moda; se colocó su casco, puso sus guantes y decidió marcharse.

Llegó a su casa, saludó a su familia que ya se encontraban sentados alrededor del fuego y le dijo a su madre, que había llevado tamales de carne para cenar. Su madre le sirvió café y le alcanzó la bolsa de panes para que él escogiera el que más le gustara.

Esa noche Juan Jacobo se fue a dormir con una sonrisa muy grande en su rostro, de pronto recibió un mensaje por cobrar, era de Maricela, él no había podido recargar su celular. Entonces, solamente le respondió con un mensaje de la misma manera.

Maricela se había ido en el bus, contemplando las estrellas, la luna, las montañas y el río, eso fue después que su amiga se bajo en las primeras paradas que hizo el bus, entonces ella se fue pensando también en la manera que había terminado su día laboral cuando habló con Juan Jacobo, porque a ella también le gustaba él pero no lo daba a conocer y Juan Jacobo no lo sabía.

Así era como surgía un amor prohibido entre ellos, porque al final de todo, el trabajo les impedía estar juntos, esa era una de las razones principales por las cuales ambos sabían que si llegaba a pasar, uno de los dos o ambos perderían su empleo, ese fue el miedo a declarar su amor el uno al otro.

En todo el camino ella se fue pensando en que Juan Jacobo le estaba declarando su amor, ella no lo podía creer, porque al final de todo ella también empezaba a sentir algo por él, pero pensó que dejaría que el tiempo fuera el único que le revelaría en el trascurso, si realmente ella estaba en lo correcto y si realmente Juan Jacobo estaba enamorado de ella.

Cuando su amiga se subió, ella empezó a contarle todo lo que estaba pasando con Juan Jacobo y juntas recordaron que ella también se le había quedado viendo aquella tarde cuando él estaba parado allá en la fuente del parque, ella empezó a recordar que era aquel del que ella también se había enamorado.

"De un amor prohibido, nació un amor sincero, yo no lo he pedido, pero llegó como aguacero, como las primeras lluvias de abril, en un abrir y cerrar de ojos, quizá en momentos de alegría o enojos, porque la vida no me sonreía o porque yo simplemente no vivía, hasta que ella apareció para llenarme de sonrisas, como las suaves brisas de invierno, con un aroma tierno a primavera, cortando rosas o claveles, girasoles o begonias".

CAPITULO VIII
JUAN Y MARICELA JUNTOS

Maricela se dio cuenta que Juan Jacobo estaba muy enamorado de ella, ella también se estaba enamorando de él, a ella le gustaba la manera en la que le hablaba, la forma que la trataba, la manera que la veía, ella quería intentar algo con él, siempre y cuando él siguiera actuando de esa manera y siendo la misma persona que hasta el momento él había sido con ella, pues era muy atento y eso le encantaba a ella.

Juan Jacobo se despertó esa mañana y se dijo así mismo: "hoy es el gran día para conquistar a aquella hermosa mujer, hoy tiene que ser el momento en que pueda conquistar ese corazón hermoso".

Como todas las mañanas su mamá le había preparado el desayuno, él siguió con su rutina de ejercicios en la mañana, su mamá le sirvió el desayuno y él comió, esa mañana su mamá le había preparado unos güisquiles envueltos en huevo con salsa de tomate, además le sirvió un vaso de atol de haba.

Antes de irse había visto que su mamá tenía muchas flores, entre ellas: Begonias, claveles, hortensias, rosas y girasoles, entonces se fue pensando en todo eso lo que había visto y cuando llegó a su escritorio en el lugar donde trabajaba, después de haberlo limpiado, se puso a escribir el siguiente poema:

HERMOSAS FLORES

Que es lo que veo al caminar,
Son rosas, claveles, hortensias y begonias
Alguna quizá me atreva a cortar,
Pero mi abuela Antonia me puede regañar.

No se comparan con la belleza de tus ojos
Dulce Maricela, me encantan tus enojos,
Eres del jardín la rosa más bella
Tu sonrisa es más linda que una estrella

Se quedó pensando en como sería le reacción de Maricela en el momento que se lo fuera a entregar, pero mientras eso pasaba, su jefe lo llamó hacia el escritorio de él, le dijo que habían algunos documentos que él quería que Juan Jacobo fuera a buscar al archivo, porque a él le iban a servir, le dio las llaves de la bodega donde estaba ubicado el archivo y Juan Jacobo se fue a su escritorio, dejó guardado lo que tenía pendiente y el poema que había escrito.

Después de una media hora de estar buscando los archivos que el jefe le había pedido, pudo encontrarlos. Regresó a la oficina se los entregó y el jefe le dio las gracias, luego le dijo que hiciera el favor ese de día de operar los ajustes contables.

En cuanto llegó a su escritorio, él ya sabía lo que tenía que hacer, pero antes imprimió aquel poema que había escrito y lo dobló de la manera en que el papel formaba una rosa, luego lo colocó en la gaveta de su escritorio para que nadie más lo viera, porque sus compañeros de trabajo se habían dado cuenta que a él le gustaba hacer poemas y lo empezaban a molestar demasiado con eso. De allí bajo a donde estaba el primer piso donde se encontraba Maricela, la fue a saludar y le dijo:

- Veo que amaneció tan bella y tan radiante como una estrella que brilla en cielo, tal cual alegre semblante hace notar lo feliz que esta el día de hoy.

- ¡Guau! Usted si que sabe combinar las palabras, sorprendida respondió ella.

- ¿Que tal como amaneció?, preguntó Juan Jacobo.

- ¡Muy bien gracias a Dios! Y usted ¿Qué tal, como amaneció?, respondió ella de la manera más atenta.

- ¡Amanecí muy bien gracias también! Dijo él acercándose a una silla que estaba enfrente del escritorio de Maricela.

- ¿Quería ver si puedo hablar con la señorita más bella que mis ojos han visto hoy por la tarde? Preguntó Juan Jacobo.

- Cuando salgamos del trabajo estaría bien, lo estaré esperando en el bus donde me voy, porque no quiero que el bus me deje, dijo ella.

- Esta bien, ¡me parece muy buena idea!, dijo él.

En ese preciso momento se iba acercando un cliente al que Maricela tenía que atender y Juan Jacobo se regresó para la oficina de Contabilidad al segundo nivel con una sonrisa tan grande en su rostro.

Juan Jacobo se estaba ganando el cariño y el respeto de la mayoría de los que trabajaban allí en aquella institución financiera, porque era un joven muy comprometido con la empresa y además era respetuoso, humilde y sencillo en su forma de ser.

Esa tarde al salir Juan Jacobo de aquel lugar donde trabajaba iba con una sonrisa muy grande, llevaba consigo una felicidad enorme, ese día más que nunca estaba decidido a pedirle a aquella chica bella que fuera su novia, llevaba consigo la rosa que había hecho con el poema aquel.

Ella lo estaba esperando en el bus, había permanecido durante algunos minutos allí esperando a que Juan Jacobo saliera, ya que él había salido unos cinco minutos tarde.

Cuando él la vio allí sentada esperando, su corazón se aceleró, sus manos le comenzaron a sudar, porque estaba allí aquella mujer a la que quizá otros hombres miraban tan bella e imposible o que incluso el mismo Juan Jacobo la había considerado una mujer inalcanzable.

- ¡Hola! ¿Cómo está?, ¿Lleva mucho tiempo esperándome? Preguntó él con una sonrisa.

- ¡Hola!, estoy muy bien, apenas llevo algunos minutos esperando, había venido a apartar lugar porque si no luego el bus se llena de estudiantes y ya no se encuentran lugares, respondió ella devolviendo la sonrisa.

Juan Jacobo observó esa risa tan bella y se enamoró aún más, además sus ojos brillaron en ese momento, sus oídos pudieron escuchar el tierno tono de su voz, además de eso, contempló cada movimiento de sus labios.

- ¡Que bien que no lleve mucho tiempo esperando! Quería proponerle algo, ¿Le gustaría que la fuera a dejar en mi moto? Preguntó él.

- ¡Me parece una muy buena idea! Pero, y si nos miran nuestros jefes o algunas otras personas, la verdad yo no quiero que me despidan de mi trabajo, además mis papás aún no me dan permiso para que alguien me vaya a dejar, dijo ella.

- ¡No se preocupe! yo traigo otra chumpa y además de eso le voy a prestar mi casco para que no vean quien es el que va con usted, dijo él.

- Está bien dijo ella, conste que si nos cachan y nos despiden de la empresa va a ser su culpa, dijo ella con un tono de voz burlona y una sonrisa que hizo que Juan Jacobo se enamorara aún más

- Eso no pasará, tendremos cuidado que no nos vean, dijo él.

A Juan Jacobo en ese momento se le había quitado lo tímido, se sintió seguro de lo que quería hacer y además de eso, Maricela le había dado esa confianza que él necesitaba para poder decirle las cosas.

Después de eso se bajaron del bus, Juan Jacobo arrancó su motocicleta, le prestó la otra chumpa que traía y le dio su casco, él solo se quedó con la bufanda puesta y la gorra pasamontañas que llevaba siempre debajo del casco. Se fueron entonces con rumbo hacia donde Maricela vivía, sin importar lo que dijeran o quienes se dieran cuenta, en ese momento no importaba nada, solamente el querer estar juntos.

Maricela al principio no se agarró de la cintura de Juan Jacobo, sino que lo hizo de la chumpa, pero él le dijo: "Si me abraza creo que se va a sentir más cómoda en la moto, eso es por equilibrio y seguridad, porque si no, no sea que nos podemos caer", entonces ella lo abrazó y mientras él aceleraba, ella se le acercó al oído y le dijo: "Nunca me había subido a ninguna motocicleta, tengo miedo".

"No se preocupe, lo sé, solo abráceme fuerte para no caerse y mantenga el equilibrio", dijo él, en ese momento ella lo abrazó aún más fuerte y se fueron, ella en todo momento sintió algo bonito mientras él conducía por las calles empedradas de aquel hermoso municipio llamado "Tejutla".

En la salida, acababan de instalar un semáforo, por lo que en ese momento se había puesto en rojo, esperaron a que se pusiera la luz verde para continuar, se fueron por esa carretera de terracería, el polvo aún se podía notar porque no se había ocultado el sol aún.

Mientras el sol quería ocultarse allá sobre el volcán Tajumulco, ellos viajaban en Motocicleta, a ella le causaba un poco de miedo y en las vueltas ella lo abrazaba más. Juan Jacobo podía sentir su cuerpo de Maricela pegado a él, podía sentir ese miedo que ella aún tenía, entonces él le empezó a contar que la velocidad con la que iba, era una velocidad moderada, porque cuando él iba para su trabajo, iba demasiado rápido, además era uno de los mejores pilotos que había en la agencia, sin miedo a nada.

Le siguió diciendo que esas curvas él las pasaba muy rápido, pero con ella él iba teniendo el mayor cuidado, incluso hasta de no pasar en los hoyos que había formado la lluvia en la carretera. Cada segundo que pasaba, cada metro que avanzaban, se acercaban más a un lugar muy especial, dónde Juan Jacobo se pararía con su motocicleta.

Después de recorrer algunos kilómetros, el sol por fin se ocultó, empezó a entrar la noche, pero mientras Juan Jacobo avanzaba con aquella motocicleta, a lo lejos se escuchaba el sonido de los grillos, las ranas en los charcos, se podía escuchar el manso río como a unos cincuenta metros, el viento soplaba y movía las hojas de los árboles, al mismo tiempo caían las que ya estaban algo secas.

En ese momento la luz de la luna empezó a mostrarse en cielo, hermosa y tan brillante como siempre. Algunas nubes surcaban el cielo y se ponían rojas, porque la luz del sol aún les estaba dando sus últimos reflejos.

Entró la noche y justo unos kilómetros antes de que llegaran a su lugar de destino, Juan Jacobo paró la motocicleta, vio que había un lugar muy bello donde podían conversar. Se bajaron de la motocicleta, Juan Jacobo le dijo que quería hablar con ella en ese lugar y que él pensaba que era el adecuado.

Ellos empezaron a platicar de algunas cosas, se sentaron sobre unas piedras que estaban justo allí, las piedras aguardaban como si hubieran estado allí esperando el momento para que ellos llegaran a sentarse algún día.

En ese momento Juan Jacobo perdió la timidez de una vez por todas y le empezó a decir a Maricela lo siguiente:

- ¡Sabe! ¡Hoy fue el mejor día de mi vida!

- ¿Por qué lo dice?, preguntó Maricela.

- "Porque después de mucho tiempo de haberla visto pasar aquella vez cuando yo estaba sentado en la pileta del parque, nunca de los nuncas imaginé que el día de hoy estaría aquí sentado hablando sobre estas piedras con usted", respondió él.

- ¡Pues la verdad!, yo no imagine que usted ya me había visto mucho antes de que yo lo conociera allí en donde trabajamos, dijo ella con un tono de voz delicada.

- La verdad ya la había visto antes y desde ese entonces vive en mi mente y en mi corazón, no ha habido ningún día o algún momento en el que no he dejado de pensar en usted, dijo él, haciendo de su tono de voz como el mejor locutor de la radio.

- ¿Enserio? Mire que sorpresa la de poder escuchar eso y quizá ya me había dado cuenta de la manera que en que me mira en donde trabajamos, dijo ella.

- La verdad desde que la vi usted me gusta mucho, me he enamorado de usted, desde que la vi en la agencia, me volví poeta, dijo él

- ¡Guau! Usted me ha sabido sorprender, la verdad me gustaría poder decirle lo mismo, dijo ella, pero como que las palabras las había dicho entre-dientes, porque Juan Jacobo no le escuchó del todo bien que digamos.

- ¿Cómo así?, preguntó Juan Jacobo muy atento a lo que ella le iba a decir, pero ella respondió diciendo:

- ¡Olvídelo!, pero sabe, me han gustado mucho los poemas que me ha escrito, dijo ella.

Juan Jacobo pensó que ella le iba a decir que él le gustaba también o que sentía algo por él, pero no fue así y entonces él le dijo con una voz nuevamente tímida:

- ¡Pues la verdad se los he escrito porque me nacen del corazón! es inspiración pura que nace del alma por usted, por cierto, hay algo que quiero confesarle.

- ¡haber, confiese sus pecados!, dijo ella riéndose.

- Que en el fondo de este corazón, siento que estoy muy enamorado de usted y que la...

Juan Jacobo le iba a decir que la amaba, cuando en ese momento sonó la bocina del bus, entonces ella le dijo que se tenían que ir, porque su papá ya sabía que ella llegaba en ese bus.

Mientras aquella noche se iluminaba con la luz de la luna, se podían ver el rostro de ella y los ojos de color miel, se podía observar cada detalle de su rostro y fue así como él la miró a los ojos nuevamente y le dijo con aquella voz de locutor:

- Deme cinco minutos más, no será mucho tiempo y ahorita nos vamos.

- Esta bien, dijo ella con un tono de voz algo preocupada, porque se estaba haciendo tarde.

- Pues la verdad siento que la amo, que este sentimiento cada día ha estado creciendo, durante el tiempo que llevo de conocerla... Dijo él.

Después de eso ambos se quedaron en silencio, se quedaron sin palabras al mismo tiempo y las miradas se cruzaron de la manera más profunda que podían verse hasta el alma, de pronto se fueron acercando poco a poco hasta que llegaron a toparse los labios de Juan Jacobo y Maricela.

Juan Jacobo sintió que tocaba el cielo con las manos, que estaba contemplando los celajes de verano y podía verse entre las nubes de color anaranjado, porque los labios de ella eran suaves y dulces como un algodón de azúcar, pero quizá mas dulces que el azúcar o la miel.

Los brazos de Juan Jacobo la rodearon, sujetándola de la cintura, ella había correspondido de la misma manera aquel beso, ella al mismo tiempo sintió que su mundo daba un giro de 360 grados, porque aunque ella no había dicho nada, con ese beso y con esa mirada lo había dicho todo.

Después de aquel beso, que había durado una eternidad, ambos dejaron de hacerlo al mismo tiempo y ella le dijo:

- Recuerde que el noviazgo está prohibido en donde trabajamos, no podemos tener una relación, recuerde que si se dan cuenta, nos van a despedir y ambos necesitamos el trabajo para nuestro futuro y la verdad tengo miedo.

Juan Jacobo había llevado consigo el poema aquel que había imprimido y convertido en una rosa, pero no había podido encontrar el momento perfecto para poder entregárselo.

Entonces Juan Jacobo le dijo que él al menos quería correr ese riesgo, porque él realmente la amaba y estaría dispuesto a dar el todo por el todo por ella, siempre y cuando ella también estuviera dispuesta a hacerlo, en ese preciso momento se acordó y sacó de su mochila aquella rosa que contenía el poema y mientras se lo acercaba le preguntó:

- ¿Quiere ser la novia de este poeta que hace poesía porque usted su inspiración? Este poeta escondido que ha nacido por el amor que le tiene.

- ¡Sí!, acepto, no importa que sea prohibido, de todas maneras, vamos a encontrar trabajo después dijo ella con una risa de broma. Se rieron y después de eso se abrazaron.

Ambos decidieron que iban a correr el riesgo y que no importaba si los iban a despedir o no, a ellos solamente les iba a importar demostrarse amor todos los días y después de ese momento sería genial cada día.

Se dieron cuenta que se habían ido los minutos muy rápido y que se tenían que ir, pero antes de volver a subirse a la motocicleta nuevamente, Maricela decidió decirle algo:

- ¡Sabe!, usted también me gusta mucho, me gusta su pelo colocho y además de eso me encantan sus ojos de color miel, sus pestañas grandes y volteadas, me gusta el tono de su voz, porque parece que fuera locutor de radio, pero sobre todo me gusta su forma de ser, yo también he llegado a sentir algo muy lindo por usted.

Juan Jacobo se quedó asombrado de lo que sus oídos estaba escuchando, no dijo ni una sola palabra, se acercó nuevamente, la abrazó tan fuerte como nunca nadie la había abrazado a ella, después de eso se acercó y nuevamente le dio un beso.

Juan Jacobo en el fondo de su corazón y sus pensamientos sabía que a él le gustaban tanto los labios de Maricela y que si por él hubiera sido, la hubiera seguido besando por el resto de sus días.

Se subieron a la motocicleta y se marcharon nuevamente, Juan Jacobo la fue a dejar lo más cercano de su casa, ella le entregó el casco a él, se dieron un beso de despedida y él se marchó haciendo un caballito con su moto.

Mientras se perdía en las curvas y las montañas a lo lejos, Maricela se quedó muy enamorada de Juan Jacobo, ella solo se quedó observando como aquella luz se perdía en el camino.

Para llegar a su casa, él tenía que cruzar un puente colgante, a ese puente le decían el puente de la hamaca, porque cada vez que se pasaba encima de allí, esta se movía demasiado, y en ese momento mientras pasaba con su motocicleta allí, se acordó que cuando era niño, solía pasar en ese lugar con su abuelo cuando iban a esperar a sus tías cuando ellas llegaban de visita y en aquel entonces no había carretera que los llevara hasta la casa donde vivían él con sus abuelos.

Se acordó las veces que llevaba jalando los caballos para llevar las cosas que sus tías le llevaban a su abuelita y a su madre. Las veces que del otro lado del río con una señora que vendía helados Juan Jacobo con su abuelo pasaban allí a comprar uno cada uno.

Después de eso, cruzó el puente de hamaca y se fue para su casa, al llegar, su mamá lo estaba esperando con su cafecito caliente, hecho de los mejores granos de café, cebada, trigo, maíz y haba, tostados en comal y molidos en la piedra.

En cuanto terminó de cenar, se fue a su cuarto, Esa noche se durmió siendo el hombre más feliz del mundo, al igual que Maricela, porque había iniciado algo muy lindo y algo muy hermoso, además porque eso era el motivo que lo hacía ir a trabajar todos los días.

"Alguna vez, más de alguno se ha enamorado de manera que ha sabido sacar a relucir la parte más bella de sus pensamientos y emociones, haciendo locuras o incluso arriesgándose por aquella persona a la que se ama, no importando que opinen los demás, quienes estén en contra o a favor, de todas maneras solo importa el amor, sin distinguir raza, color, nivel económico o nivel académico, porque el amor no distingue eso, el amor solo se siente, llega cuando menos te lo has esperado, incluso llega después de haber sufrido, llorado o reído".

CAPITULO IX

UN NOVIAZGO PERFECTO

¿Qué sería un noviazgo perfecto? Los besos, los abrazos, las veces que veas a alguien, creo que la definición de perfecto se da muy pocas veces, porque realmente no se necesita que este sea el mejor, sino hacer de los momentos que se comparten juntos, los mejores, para poder recordarlos siempre.

Cada vez que podía, Juan Jacobo le daba origamis en formas de corazón o de rosa, en ellos iba siempre una frase de motivación o un poema que nacía desde lo más profundo del pensamiento de Juan Jacobo, al mismo tiempo que él también se quedaba con una que otra copia. Habían empezado una relación, un noviazgo muy bonito.

A Juan Jacobo le gustaba la idea de ir a dejar a Maricela allá donde ella vivía todos los días, y los sábados la iba a ver cerca de donde ella vivía, se ponían de acuerdo y se miraban muchas veces a escondidas por el miedo al papá de Maricela, porque era un hombre muy estricto y no le hubiera gustado la idea de que Juan Jacobo estuviera con su hija y ellos también habían decidido que sus padres de ambos no se enterarían hasta que realmente decidieran hacerlo, el día que realmente decidieran casarse o ser más formales.

Muchas veces se miraban con Juan Jacobo abajo de la Iglesia Católica de la aldea donde ella vivía, ella se escapaba de su casa diciendo que iría a hacer limpieza con su prima allí en la Iglesia y al final se iba a platicar con Juan Jacobo. A ellos les encantaba una canción con la que Juan Jacobo se identificaba mucho, es una canción del cantante Brayan Adams y la canción es la que dice "Todo lo que hago, lo hago por ti" esa era la canción favorita que les gustaba que sonara mientras ellos platicaban, así que Juan Jacobo la había descargado a su celular al igual que Maricela, la tenían en las dos versiones, en Inglés y español.

Una tarde que andaban platicando por allí, a Juan Jacobo se le ocurrió tomarse una foto con ella con su celular pero a ella no mucho le gustó la idea, porque según ella no se miraba bien, pero realmente a él le encantaban los ojos de color miel de ella y los labios que ella tenía, además le encantaba su carita bella y su pelo rizado también, ella era una belleza. Ese día en la tarde cuando regresó a su casa, hizo de la foto una poesía, la cual se la mandó y a ella le pareció fantástico, aquel poema lo había titulado "AQUELLA NOCHE".

Juan Jacobo de tanto ir a aquella aldea de Maricela, poco a poco fue conociendo a muchas personas, entre ellos conoció a los primos de Maricela, uno se llamaba Lizardo y el otro Alixalem, cuando él los conoció, fue muy interesante porque a ellos

103

también les gustaba practicar futbol y lo empezaron a invitar para que jugara con ellos con el equipo que tenían, entonces sucedió que cada sábado cuando él iba a ver a su Maricela, llevaba sus implementos deportivos para ir a jugar con ellos.

Era una cancha que estaba en medio de donde se juntaban dos pequeños riachuelos, muchas veces Maricela lo fue a ver jugar, él era muy bueno, porque él era el que anotaba los goles en el equipo, así fue como se fue dando a conocer y lo fueron llamando cada vez que tenían un partido en cualquier lugar.

Una tarde Juan Jacobo estaba muy inspirado y le escribió el siguiente poema a Maricela:

MARICELA

Mujer linda y hermosa
bella como una diosa
su olor fragante como una rosa
mi Maricela preciosa.

Su nombre lo llevo en mi mente
y en mi corazón resuena latente,
cuando duermo la sueño
y en el día trabajando la pienso.

La amo y en verdad la quiero
si no la veo me muero,
nunca quisiera perderla
daría lo que fuera para siempre a mi lado tenerla.

Era así como empezaba a crecer la inspiración de aquel poeta enamorado, aquel que amaba con locura a aquella chica hermosa, de la que se había enamorado profundamente. En ocasiones le regalaba una rosa, así mismo compraba tarjetitas también, hablaban de cualquier cosa y reían siempre que se veían. No les importó que su amor fuera prohibido.

Aunque al principio su inspiración la había encontrado al ejecutar la guitarra y cantar cantos en la Iglesia, también ahora la podía encontrar haciendo poemas, poemas para el amor que había encontrado, amor que estaba seguro duraría mucho tiempo.

Un sábado por la tarde se fueron hacia la cascada que quedaba cerca donde ella vivía, era aquella cascada que Juan Jacobo siempre había visto de niño, aquella cascada ruidosa que se escuchaba cuando llovía y se miraba tan grande. Esa tarde habían acordado caminar desde donde dejaran la motocicleta y se fueron caminando por toda la orilla del río. Tanto ella como él se sintieron tan afortunados de estar cerca de la caída de agua de aquella cascada, no había nada mejor que ver el agua caer, se escuchaba ese dulce sonido del agua y eso hacía llevar paz a aquellos dos enamorados que disfrutaron del viaje aquel, brincando de piedra en piedra y aventándose agua el uno al otro, además encontraron un lugar donde se reposaba el agua y empezaron a aventar piedras al río.

Juan Jacobo le estaba enseñando a tirar piedras de modo que dieran tres saltos en el agua, intentaron una y otra y otra vez hasta que ella lo pudo lograr. En el momento que ella lo hizo, saltó de felicidad y lo abrazó fuertemente mientras gritaba: "Lo logré, lo logré", se reían felizmente, disfrutando de la estadía en aquel hermoso lugar.

Esa tarde se la pasaron muy bien hablaron de muchas cosas e incluso se dijeron el uno al otro lo mucho que se amaban y que querían el uno del otro:

- ¡sabe! Me gustaría algún día poder casarme, pero cuando tenga veintisiete años, cuando haya terminado de estudiar en la Universidad, dijo Maricela.

Juan Jacobo hizo sus cuentas y le dijo que serían de la misma edad entonces, solamente que él era unos dos meses antes, porque ella cumplía años el veintiséis de diciembre y él el 31 de octubre, además eso iba a suceder en 9 años, porque ambos tenían 18 años en ese preciso momento.

Después Juan Jacobo le dijo: "Esa sería una excelente idea, entonces vamos a empezar a ahorrar dinero para tener la mejor boda del mundo, además me gustaría que la boda fuera aquí en esta hermosa cascada o en la Iglesia Católica de Tejutla".

Ambos se rieron y comprometieron a que a partir de allí ahorrarían dinero, incluso hicieron planes de como se llamarían sus hijos. Juan Jacobo le dijo que tenía un sueño: Tener dos hijos, un niño y una niña a los cuales les llamarían Mikeyla y al otro Juan Jacobo. Pero solamente fue un decir en ese momento o quizá era un sueño que se empezaba a construir a partir de ahí.

Después de eso ambos regresaron a donde estaba la motocicleta, Juan Jacobo la arrancó e inició la marcha, la iría a dejar a donde su prima la estaba esperando.

Cada vez que estaban juntos, se la pasaban riendo muchas veces y escuchando la canción que era la favorita de ambos después de ese día que la escucharon juntos. Además siempre les gustó la música romántica, así mismo disfrutaban de la música de Camila y de Sin Bandera.

Las tardes se hicieron muy rápidas, porque pasaban volando cuando Juan Jacobo y Maricela se la pasaban juntos. Los sábados o los domingos por las tardes de igual manera, a pesar de que hablaban de dos a tres horas eso era muy poco tiempo para este par de enamorados.

Una tarde que estaban hablando allí abajo de la Iglesia Católica de aquella aldea, se fueron hacia la orilla del río, Juan Jacobo se colocó el casco en el brazo y se fue manejando despacio y mientras manejaba con la cabeza se dio una media vuelta y le dijo a Maricela que le diera un beso, a ella le pareció una locura pero cedió, aunque sabía que se podían caer, confió en él.

Además Juan Jacobo sabía lo que estaba haciendo, él tenía el mejor equilibrio con la motocicleta, así que él le dio aquel beso acaramelado a aquella mujer que amaba tanto mientras él manejaba, después de eso ella le dijo que estaba loco.

Un fin de semana, la empresa para la que laboraban hizo una actividad, donde hicieron concursos de canto y modelaje entre todas las agencias de esa institución, ella no dudó en participar en modelaje, esa tarde ella estaba tan radiante, Juan Jacobo nunca la había visto con maquillaje, sombras y todos esos cosméticos que usan las chicas para arreglarse, pero esa tarde ella se había arreglado de la mejor manera, usó un sombrero que la hacía parecer aún más bella y por su altura, Juan Jacobo la vio parecida a una artista que cantaba canciones, porque era demasiado el amor que él sentía por ella.

Sus ojos se clavaron más en ella y se enamoró más de la cuenta, él la amaba con todo su corazón, que no podía vivir sin ella, en muchas ocasiones le regalaba chocolates, otras veces flores, le dedicaba canciones, le compraba peluches, le hacía origamis, le declamaba sus poemas.

Una madrugada amaneció inspirado e hizo el siguiente poema, un poema para la mujer que un día hasta podría haber dado su vida por él:

MADRE AMOROSA

Mujer madre amorosa,
mujer bella y hermosa
generosa y bondadosa
entre todas las mujer eres linda como una rosa.

Mujer que me diste la vida,
fue tan grande tu alegría,
que cuando me diste a luz,
encomendaste mi vida a Jesús.

Mujer amada y querida
de mi familia el centro de vida
que con esmero cada día
ruegas a Dios para que sea tu guía.

Que con amor a hablar me enseñaste,
que cuando estaba en tu vientre
varón me deseaste,
y por mí, hasta donde llegaste.

En cada rincón de tu hogar,
se siente la dicha y la paz,
pues en la familia tienes gozo
además de tener un buen esposo.

Quieres que siga a Dios
y que mi fe nunca varíe
y que del camino que lleva a la vida
jamás yo me desvíe.

Gracias por darme la vida,
por enseñarme a caminar
y es por eso que siempre cada día
yo a Dios le ruego que te bendiga.

Juan Jocobo tenía una gran inspiración estando con Maricela, el amor que sentía por ella hacía que sus palabras fluyeran siempre de la mejor manera. Sus pensamientos para realizar poemas eran como un huracán, quizá algún día se debilitaría pero en ese momento estaba en su mayor esplendor y con mayor fuerza.

Su firmeza en el amor que sentía por ella, lo hizo sentirse enamorado del lugar donde había crecido, después de que sus padres lo trajeran de allá donde había nacido, fue así entonces como le hizo un poema a aquel lugar donde se había criado, lugar donde había pasado sus mejores años: "Su infancia", donde solía correr detrás de las ovejas o salir a cazar ardillas con su perro acompañado de sus tíos.

MI LUGAR FAVORITO

En algún lugar remoto
de este país maravilloso
se encuentra un lugar hermoso,
del cual me enamoré como lo vi tan pronto

Entre ríos y montañas
se encuentra mi lugar favorito
donde encuentra paz mi alma
y se desvanece la nostalgia.

La vista hermosa y majestuosa
que en las mañanas se admira
su tierra fértil y preciosa
que a lo largo del día se admira

Una hermosa cascada
que desde lejos se divisa
estar allí donde cae y mojarme con su brisa
es lo mejor que pudo darme la vida.

Una mañana muy nublada
pero poco a poco aclarada
encamina hacía un día inesperado
pero al final de la tarde es admirado.

A lo lejos de esta tierra se admiraban
unas hermosas pinceladas,
a los cuales, celajes les llamaban,
ese día Dios lo hizo
para que encontrara inspiración mi alma
y sentirme en el paraíso.

Los momentos más felices de Juan Jacobo al lado de Maricela eran esos, cuando a ella le encantaba verlo jugar fútbol, cuando en las actividades que realizaba la institución donde trabajaban ponían baile y ellos se ponían a bailar, les encantaba bailar música duranguense y música romántica. A pesar de que el amor entre ellos era prohibido, a ellos nada ni nadie los detuvo, bueno hasta ese momento, después de haber llevado casi más de un año juntos.

La felicidad de un hombre o una mujer se encuentra en lo que realizan con esmero y con dedicación, no importando si lo que está haciendo le pueda perjudicar o beneficiar el día de mañana. Porque la felicidad no se compra, simplemente se hace sentir haciendo lo que mejor a uno le parezca y hacer lo que mejor se sabe hacer.

Juan Jacobo le dedicaba todo el tiempo necesario a Maricela, le dedicaba sus canciones, encontraba en ella emociones, dirigía a ella sus poemas, sus admiraciones, pero sobre todo le daba amor sin condiciones. Durante mucho tiempo ella fue su centro de atención.

Con los compañeros de contabilidad hicieron una vez un viaje hacia unas piscinas de agua caliente que se encuentran en el municipio de Cuilco del departamento de Huehuetenango, esa vez, sus papás no estaban de acuerdo con que ella hiciera ese viaje, porque esa carretera por la que transitarían era peligrosa, pero al final de todo ellos cedieron.

Viajaron por mucho tiempo, iban muchos de la agencia y los de contabilidad, entre ellos Juan Jacobo y Maricela, en medio de una relación prohibida, no se podían abrazar ni besar, no podían demostrarse amor, aunque hubieran deseado con toda el alma poder hacerlo. Que difícil es amarse y no poder gritarlo a todo el mundo entero solo por miedo a que te despidan pensaba Juan Jacobo, pero iban sentados a la par el uno del otro, iban hablando como compañeros de trabajo.

Iba contemplando la belleza de la carretera y los paisajes, entre todos hacían un gran bullicio, pasaron por cordilleras, se dieron cuenta que mucha gente vivía en condiciones extremas de pobreza y en lugares muy peligrosos. De pronto se terminaron las lomas y empezaron a descender por aquella carretera hacia abajo con una vueltas muy peligrosas que muchos se dijeron a sí mismos que era la última vez que iban por ese lugar, porque realmente era muy peligroso, nunca habían visto lugares con carreteras tan peligrosas como esas, tal como le habían dicho los papás de Maricela, eran muy peligrosos esos caminos.

En cuanto llegaron a las piscinas aquellas, Juan Jacobo no sabía nadar, todos los demás tenían la idea de lanzarlo al agua, Juan Jacobo se puso la ropa de nadar al igual que todos los demás y cuando iba pasando por la orilla de la piscina, llegaron todos y lo aventaron al agua, en ese momento pensó ahogarse pero las ganas de aprender y demostrarle a Maricela que él podía nadar lo hicieron aprender.

Algún tiempo atrás, su tío le había querido enseñar pero él no había aprendido, por lo que ese día en cuestión de horas ya sabía nadar y no quería salirse de la piscina, aprendieron a nadar junto con Maricela, porque ella también no podía nadar. Juan Jacobo le había pagado el pasaje y la comida a aquella mujer bella, por lo cual ella estaba muy agradecida, regresaron a Tejutla, pasando por otros municipios, ya no fue por la misma carretera por la que se habían ido, ya que les había dado tanto miedo que no se atrevieron a regresar.

Fue el mejor viaje de sus vidas hasta ese momento, porque pudieron disfrutar juntos, sin besos, sin abrazos, solo un te amo en silencio. Compartieron con los demás compañeros y gozaron de la compañía de cada uno. Por más absurdo que parezca, hubo dos personas que fueron felices a pesar de todo, a pesar de estar escondiéndose, a pesar de estar en una relación prohibida, pero lo prohibía una institución, aún así se amaron hasta más no poder...

¡Oh! Que días tan gloriosos cuando ellos se amaron, aquellos días en los que se entregaron todo el corazón, donde importaban más los sentimientos que la razón, donde había fuego y agua al mismo tiempo. Donde el amor era más grande que esa institución financiera, donde hablar por teléfono no era suficiente una hora.

CAPITULO X
TODO LO BELLO A VECES SE ACABA

Una lágrima rodó, el día que te fuiste, una lágrima rodó el día en que llegaste, fui el hombre mas feliz ¿y tú? no sé si lo lograste.... Así empezaba uno de los últimos poemas que Juan Jacobo le escribiría a Maricela, después de todo, nada sería para siempre, habían tenido un noviazgo perfecto durante un largo tiempo, Juan Jacobo se había convertido en Poeta y además había soñado algún día con escribir un libro, pero más sin embargo todo eso solamente había sido un sueño.

En una tarde de mayo, Juan Jacobo se encontraba contemplando la peor escena que se pudo haber imaginado. Sus ojos se llenaron de llanto, más sin embargo se aguantó, se contuvo las ganas enormes de llorar, después de todo, sabía que con llorar no iba a solucionarlo todo. Pudo sentir ese fuego ardiendo en su interior, pues eso que estaba viendo no podía creerlo y por más que trataba de asimilar la situación no podía.

Sus ojos se clavaron en aquel par de siluetas caminando en el corredor del mercado municipal de Tejutla, hace veinte minutos, había estado llamando a Maricela y ella no le había respondido, él confundido no sabía cual era el motivo por el cual ella no le respondía, él quería saber que era lo que estaba pasando, pero se sentía incapaz de poder hacerlo, porque cuando él salió de aquel lugar donde trabajaba, ella ya había salido, la fue a buscar al bus donde muchas veces iba a dejar sus cosas, pero no la encontró.

Juan había ido a la agencia de San Miguel Ixtahuacán, ese día no pudo comprar saldo para llamarle a ella durante el día, él se había ido desde muy temprano y estuvo muy ocupado haciendo algunas diligencias. Así que en lugar de haberse ido para su trabajo donde regularmente lo hacía, se fue para ese municipio, hizo durante todo el día sus diligencias que tenía que hacer y a eso de las tres de la tarde se fue para Tejutla, solo fue a entregar unos reportes y salió a la hora acostumbrada, justo para coincidir con Maricela.

Cuando salió le llamó a Maricela y ella no le respondió, entonces pensó que ella no había salido y se fue al parque, en el camino hacia el parque se compró una porción de papas fritas en una caseta que estaba justo enfrente del juzgado de paz de Tejutla, pidió las papas con mucha salsa dulce y mayonesa, además pidió un poco de salsa picante, se llevó sus papas fritas y se fue para el parque, estuvo durante algún tiempo mientras disfrutaba de sus papas fritas enfrente de la fuente del parque, aquel lugar donde ya hacía mucho tiempo la había visto por primera vez, y empezó a recordar aquel momento cuando había visto a Maricela, dentro de sí mismo pensó: "sin imaginar que aquí la vi por primera vez y ahora está conmigo".

En eso un niño que aún estaba en el parque lustrando zapatos se le acercó y le dijo: "Lustre señor" y Juan Jacobo lo miró con ternura, el niño se miraba de aproximadamente unos doce años, sus manos estaban muy sucias de shinola y añelina, entonces él dijo que estaba bien, pero lo aceptó solo por compasión, el niño mostraba en sus ojos aquella ternura e inocencia. En ese momento el niño puso su caja donde llevaba sus cosas a los pies de él, Juan Jacobo se sentó bien en la banca del parque y le preguntó: ¿Cual es tu nombre? Mientras acomodaba los pies sobre la caja donde el niño llevaba sus instrumentos para lustrar. El niño le respondió diciendo que se llamaba Andy, entonces él le dijo:

- Vos tenés el mismo nombre que mi hermano, ¿Cuántos años tenés?

- Tengo 12, dijo el niño,

- Tenés la misma edad que tiene mi hermano dijo él, mientras el niño empezaba a limpiarle los zapatos para poder pasarle la añelina. ¿De donde sos vos? Preguntó Juan Jacobo nuevamente.

- Soy de una aldea de Comitancillo dijo el niño sonriendo de una manera tan inocente.

- Que bien y ¿solo vos estás aquí lustrando o con quienes venís? Preguntó Juan Jacobo haciendo un cambio de pie, porque un zapato ya estaba casi listo.

- Pues nosotros somos tres hermanos, los otros dos se consiguieron a otros a quienes iban a lustrar, juntamos el dinero que hacemos hoy, mañana y los demás días, el domingo compramos las verduras y un poco de carne, nos gusta lustrar porque así podemos hacer dinero, aunque quisiéramos estar jugando allá en el campo pero es mejor tener un quetzal más, dijo el niño, mientras le tocaba el pie a Juan Jacobo para que pusiera el otro pie encima de la caja iba a empezar a sacarle brillo a los zapatos de él.

- Eso es muy bueno, ¿Y estás o están estudiando con tus hermanos? Preguntó Juan Jacobo.

- Sí, estamos estudiando, yo estoy en sexto primaria y los otros, uno en quinto y el otro cuarto, pero cuando yo salga de la escuela, no voy a seguir estudiando porque mis papás no tienen dinero, dijo él.

Mientras el niño hablaba, Juan Jacobo observaba lo que él hacía, el movimiento de sus manos con el cepillo para darle brillo a los zapatos de él, ya casi iba terminando, cuando sacó un pedazo trapo, era una tela algo fina y con eso terminó de darle el brillo a los zapatos de él, era tanto el brillo de los zapatos que hasta podía reflejarse el rostro del niño.

Cuando el niño terminó de lustrarle los zapatos a Juan Jacobo, le preguntó cuanto era lo que le que le iba a costar el trabajo tan perfecto que aquel niño había realizado. El niño le dijo que eran dos quetzales y Juan Jacobo le alcanzó un billete de cinco quetzales y le dijo que se quedara con el vuelto. Pudo ver aquella sonrisa en el rostro de aquel niño, porque quizá esa tarde no había tenido tanta suerte.

Aquel niño se marchó tan feliz porque había conseguido más de lo que él iba a cobrar, en ese momento se encontró a sus hermanos y a otros de sus amigos con los que iban a lustrar. A los cinco minutos que Juan Jacobo estaba esperando en la fuente del parque a Maricela los vio llegar por allí cerca y llevaban consigo una porción de papas fritas cada unos y con sus manos sucias llenas de shinola y añelina, estaban comiendo y le sonrieron a Juan Jacobo.

117

Juan Jacobo le había llamado como tres veces más a Maricela y ella no le había respondido, él pensó que algo malo le había pasado, pensó que su celular se le había descompuesto o le había pasado algo malo, porque sonaba apagado, se fue a la tienda a comprarse unos chicles para combatir el aliento a papas fritas y de paso pasó a los baños públicos que están en la esquina del parque a lavarse las manos y a echarse un poco de agua al pelo, porque al verse al espejo vio que lo tenía un poco alborotado.

Juan Jacobo empezó a desesperarse, aunque compró el periódico y se había puesto a leer, no podía dejar de pensar en el porque a aquella mujer a la que tanto quería, ella no le quería responder, aunque seguía pensando que a lo mejor su celular se había quedado sin carga o algo así, pero se puso a recordar que ella siempre mantenía con carga su celular o si no siempre cargaba con ella el cargador.

Cada minuto que pasaba se hacía tan eterno, ya empezaba a querer entrar la noche, aunque Juan Jacobo había ido a ver en el bus donde ella se iba, no estaba apartado lugar con algo que fuera de ella. Además la pasó a buscar en los centros de internet, porque pensó que a lo mejor ella estaba ocupada haciendo algo allí como descargando música o videos o algo así.

De pronto Juan Jacobo sintió un poco de hambre y se fue a comprar un vaso de arroz con chocolate, como de costumbre y decidió seguir esperándola, tenía su moto allí muy cerca, listo para irse muy pronto de no ver a Maricela.

Le había preguntado a una de sus amigas que él conocía que trabajaban en otro lado, pero ella le había dicho que no había hablado con ella al menos desde el día anterior. Juan Jacobo también le preguntó a uno de sus primos de ella que pasaban en ese momento allí en el corredor del mercado municipal, pero él también le dijo que no la había visto y él sabía muy bien que ella había ido a trabajar ese día.

De pronto se desesperó tanto que después de terminar de tomarse el arroz que le gustaba, se levantó de la silla donde estaba y le dijo a doña Clemen que ya se iba y que le iba a pagar lo que le debía. Le pagó y se fue con rumbo hacia aquel lugar donde ambos trabajaban con Maricela, pero en ese momento al haber dado unos quince pasos, sus ojos se clavaron en aquellas dos siluetas.

Maricela se apareció subiendo las gradas del corredor del mercado municipal, las últimas tres llamadas que Juan Jacobo le hizo a ella, ella solamente le había desviado las llamadas a buzón de voz en lugar de responder y claro, si en ese momento se dio cuenta que era Kevin el que la acompañaba, él era otro muchacho que trabajaba en el departamento de contabilidad.

Juan había ascendido al puesto de Asistente de Tesorería y aquel muchacho había ocupado su lugar, antes ya había trabajado en aquella institución también y contaban por allí que era como el sobrino de uno de los fundadores de aquella empresa, por eso tenía algunos privilegios.

Juan Jacobo nuevamente se fue caminando hacia ellos, sacó el celular y le hizo otra llamada a ella, Juan Jacobo se sorprendió porque esta vez entró la llamada, ella ya había encendido su celular. Juan Jacobo iba caminando hacía ellos y cuando iba de cerca Maricela lo ignoró, haciendo de cuenta que nunca lo había visto y en cuanto empezó a sonar su celular él se quedó sorprendido boquiabierto, porque estando a unos cuantos pasos de él, vio que era Juan

119

Jacobo el que le estaba llamando y decidió cortarle la llamada.

Juan Jacobo quiso olvidarse de escena que estaba viendo, sus ojos se habían puesto rojos, sus pupilas se habían dilatado dejando escapar un par de lágrimas, se fue a donde tenía estacionada su moto, se puso su casco y se fue de aquel lugar donde había visto aquella escena que quizá nunca olvidaría por el resto de su vida.

Mientras manejaba a toda prisa su moto se dejó caer un fuerte aguacero, las gotas se mezclaban con las lágrimas que brotaban de Juan Jacobo hasta ya no poder, sus ojos llorosos se golpeaban con cada gota de agua que entraba en ellos, los charcos de agua en la carretera le brincaban mojándole más los zapatos y mientras su cuerpo empezaba a tiritar por el frío que hacía, quizá no era tanto la temperatura, sino aquello que habían visto sus ojos y que había cambiado su mundo en ese preciso instante.

En todo el camino iba recordando todo aquello que le había pasado, pero al final se dijo a sí mismo: "si algo bueno se va, algo mejor está por llegar". Llegó a casa, puso su ropa a secar en unas sillas enfrente de la plancha, su madre le había traído ropa seca para que se cambiara, a pesar de que estaba mojado su madre le dio un abrazo y le dijo: "cualquier cosa que te haya pasado, tiene que valer la pena, que valgan la pena todas las mojadas, el frío y todo aquello que te pueda pasar, al final todo va a estar bien". Después de eso ella le sirvió la cena y él le dijo que tenía sueño y se fue para su cuarto.

En ese preciso momento su celular empezó a sonar y él vio que era Maricela quien le estaba llamando aunque él se moría por dentro y su alma se llenaba de coraje y sus ganas de querer saber que era lo que había pasado o el porqué ella no le había respondido, pero aún así no respondió la llamada, en lugar de eso puso en silencio su celular y abrazó su almohada tan fuerte y se puso a llorar en silencio.

Minutos más tarde sintió curiosidad nuevamente, vio su celular, tenía cinco llamadas perdidas de Maricela, al fin de tanto le respondió, diciendo:

- ¿Que es lo que desea?

- Hablar con usted, o ¿Acaso no quiere hablar conmigo hoy? Preguntó ella.

- Pero realmente no quiero hablar, hoy vi algo de usted que me dejó decepcionado, dijo él.

- Perdón por no haberle respondido el celular, se me había quedado sin carga y además estaba hablando con ese muchacho, porque él es uno de los organizadores de la elección de la reina de las fiestas julias y quería que yo participara, perdón por no responderle, repitió ella, "para eso le estaba llamando, allá usted si no me cree" terminó de decir.

Juan Jacobo se quedó en silencio, en eso su hermano que estaba durmiendo en la cama a la par de él lo escuchó hablando por teléfono y le dijo que se durmiera, porque ya era tarde y él quería dormir y Juan Jacobo no lo dejaba dormir.

- Pues la verdad no le creo, ¿Por qué no me respondió? ¿Por qué me ignoró cuando pasé frente a usted entonces?

- Porque recuerde que nuestro amor es prohibido, no lo pueden saber o nos van a dejar sin trabajo y yo la verdad no quiero, no puedo quedarme sin trabajo, mis padres necesitan de mi, necesitan del dinero que yo gano al estar trabajando, dijo ella.

En ese momento Juan Jacobo no había pensado en eso, pero ella tenía razón de eso en parte, pero no era lo justo, además de eso eran compañeros de trabajo y él estaba en un puesto más alto que los dos, por lo menos lo hubiesen saludado, pensó él.

- Sabe, no se lo voy a perdonar dijo él, porque la verdad no es justo para mí, no es justo que yo le he demostrado que la amo con locura, que no puedo dejar de pensar en usted, que habita en mi corazón en todo momento, que es aquella persona que hace mi razón de ser, que a mi no me importa, en unos meses más adelante quizá tenga la oportunidad de ser gerente y el dinero se lo voy a poder dar yo, incluso hay otros lugares en donde puede trabajar, no debería de preocuparse por eso, dijo él con el corazón destrozado, con unas lágrimas en los ojos, con un alma hecha pedazos.

- Sabe, ¡con usted no se puede hablar! Dijo ella, colgando la llamada.

Juan Jacobo no hizo por volver a llamarla y en eso puso en su celular aquella canción que era la que escuchaban y además de eso dos días atrás, él le había dicho que el día que se iban a casar quería que el grupo que fuera invitado, debería de tocar una canción de un grupo de música duranguense llamado "El Trono de México" y la canción llamada "Hasta mi final".

Esa noche se durmió abrazando la almohada, aunque a través de su ventana se podía observar la luz de la luna, ella lo acariciaba con ternura y le decía que todo estaría bien, que bajo su ternura y su luz, ella iluminaría su camino en la oscuridad y sería testigo del amor que algún día encontraría.

En la mañana siguiente al levantarse vio nuevamente su desayuno servido, ese día no iba a ir a trabajar, porque en su aldea celebrarían el día de la madre y había pedido permiso para pasarla con su abuelita y su madre, que eran las mujeres que lo inspiraban.

En esa mañana se dio cuenta que había un amor que nunca le fallaría y ese era el amor de su madre, de su familia que lo rodeaba, entonces se sintió amado, aunque en el fondo estaba destrozado su corazón, su mente estaba tan pensativo y de pronto sus pensamientos se iluminaron y se puso a escribir el siguiente poema para su madre:

poema:

PARA MI MADRE

En la inmensidad del hermoso cielo,
se esconde un gran amor
una esperanza y un anhelo
donde se espera un gran favor
de quien se ama con fervor.

El brillo de las estrellas
y el hermoso reflejo de la luna
resaltando en los lindos ojos de ella
los cuales llenos de cariño y ternura
veían llegar las horas, una por una,
mientras ella velaba por mí en la cuna.

Sin ella no soy ya nada
con mi llanto en aquella cama
de niño, me levantaba y cargaba
contemplándome para que no llorara,

la cabeza me acariciaba
diciendo que conmigo ella estaba.

Con un rostro resplandeciente,
como un inmenso calor ardiente
ella estaba allí presente
y cuando miedo tuve a la oscuridad
acompañado de ella estuve siempre.

Su sonrisa me dio alegría
y vivir me enseñó cada día
dijo que me amaba
y que el bien por mi siempre desearía.

Un día me dijo que si éxito quería,
verme perseverante ella estaría
y que si algún día ella moría
desde el cielo me vería y cuidaría.

En la actividad de la aldea, él le dijo al profesor Ariel que había sido el que le había enseñado a declamar poemas que iba a decir un poema para las madres y así fue como tuvo su participación con aquel poema que había escrito en la mañana, ese poema que era inspiración de él.

Así pasaron los días, mientras Juan Jacobo tenía el corazón destrozado, no dejaba de pensar en lo que Maricela le había dicho aquella noche cuando le llamó, había estado yendo a trabajar, pero salía y se iba para su casa, al llegar a su casa se ponía a escribir parte de su historia y parte de las cosas que había hecho con ella en un cuaderno, fue así como empezó a querer escribir y surgió en el un sueño, el sueño de ser escritor, sabiendo que podría escribir su propia historia o la historia que había vivido con ella.

Pronto su cuaderno se llenaba de líneas, algunas veces las hojas del cuaderno resultaban mojadas con las lágrimas que caían muchas veces cuando recordaba a aquella mujer tan bella, así también cuando trataba de recordar aquellos poemas que le escribía.

Maricela sufría lo mismo, se arrepentía una y otra vez el no haberle respondido aquel día el celular, ella también lloraba, lloraba muchas veces en silencio cuando veía pasar a Juan Jacobo cuando él bajaba a hacer alguna diligencia en las oficinas donde ella trabajaba. Aunque ella veía como él disimulaba su enojo o incluso su amor, ella se podía dar cuenta que la ignoraba.

Ella también se puso a escribir las cosas bellas que había pasado con él, en su diario, veía las tarjetas, los poemas y la luna bella que la acompañaba, al pasar por aquellos lugares que frecuentaban con Juan Jacobo, estando muchas veces en el bus, esperó a que él pudiera ir a buscarla pero no sucedía.

Habían pasado más de quince días, ambos se habían hecho daño por el orgullo, ninguno quería ceder, aunque por dentro se amaban con locura. Juan Jacobo sabía que ella era una de las mujeres más bellas de Tejutla, que no había nadie más como ella o al menos eso era lo que él había visto hasta ese momento.

Maricela decidió participar para la fiesta, empezó a ensayar y fue así como empezaron a frecuentarse con Kevin, después de todo Juan Jacobo no quería saber nada de ella, según sus pensamientos, pero su corazón decía otra cosa.

Para ese año, Juan Jacobo se enteró del concurso que año con año realiza la Casa de la Cultura del municipio, ese año como todos se abrió el concurso para los cuentistas y poetas de la región, para poder escoger y poder premiar al mejor poema o cuento, el vio las bases para poder participar y envió el poema que le había escrito a Maricela para participar aunque sus deseos eran que conocieran que en Tejutla surgía un poeta o un gran escritor.

Pasaron los días, incluso semanas, hasta que llegó el día esperado, Juan Jacobo había asistido a la premiación, pero lo había hecho con una participación con una de sus amigas que participaría como candidata para musa de los juegos florales. A él no le gustaba bailar, pero lo hizo por participar y para que las personas lo conocieran, estuvo ensayando después de cada tarde al salir del trabajo, aunque ese año no ganó como poeta, participó con su amiga en la elección y coronación de la musa de los juegos florales.

Al final de la noche el poeta laureado con su mejor poesía fue el que escogió la musa, él pudo ver como le aplaudían a la mejor poesía de aquel señor que había llegado desde la ciudad de Quetzaltenango, vio como pasaba y le daban el premio y elegía a la musa, él se imaginó que algún día él también sería un poeta laureado, pero eso solo era un sueño, quizá porque los poetas laureados año con año nunca fueron del mismo municipio.

Con ese evento se abría la feria en honor al patrón del pueblo, se esperaban muchas actividades en el municipio, el desfile alegórico, las noches de baile, los encuentros deportivos, las garnachas, dulces y un sin fin de actividades. Todo eso hizo memoria en él de cuando era pequeño y no tenían dinero para ir a la feria, como su abuelita trabajaba de cocinera en un comedor en Tejutla y ella le llevaba una pelota de hule después del desfile, se acordó una vez que desfiló con la aldea cuando era muy pequeño y bailaron en el desfile una serie de canciones y el estaba vestido con botas y sombrero tejano.

Aquella noche había asistido a la participación de aquella hermosa mujer que tanto le había robado el pensamiento, ella estaba participando y él pudo notar lo bella que era, en todas las participaciones que ella tuvo, pudo ver lo elegante que se veía, porque sus ojos no podían ver la belleza de alguien más que solo de ella.

Sintió que ella era aquella mujer bella de sus sueños, era perfecta en su físico, pero quizá Juan Jacobo no había aprendido a ver realmente o conocer realmente el interior de una persona, de conocer sus pensamientos, lo que el corazón de cada persona siente y puede expresar o reflejar con sus actos.

"Muchas veces nos fijamos más en la belleza física, pero hay personas que realmente tienen una belleza interior aunque el exterior, lo físico no atraiga en el momento, solo es cuestión de saber conocer y ver a través de los ojos lo que el alma y el corazón quieren decir a gritos y se ven reflejados en el actuar de cada uno".

CAPITULO XI

UNA OPORTUNIDAD POR ESCUCHAR AL CORAZÓN

Te amé con locura y no encuentro cura, te ame con desenfreno, todo eso fue cierto, en este silencio tan sereno; Cada beso, cada caricia, cada llamada, cada mensaje, cada silencio, cada suspiro, es todo lo que llevo guardados en lo mas profundo de mi corazón.

Así comenzaba el poema que él escribía en su cuaderno aquella noche del mes de julio antes de irse para aquel evento donde iba a participar aquella mujer a la que tanto amaba. Ella iba a participar en un evento de belleza donde elegirían a la reina de las fiestas julias. La emoción y las palabras para describirla eran únicas, después de todo nunca había amado a alguien como en ese momento él sentía que amaba a aquella mujer.

Ella era su mundo, ella era la razón de la inspiración y los suspiros de su corazón, ella era la llave que abría, que le daba paso a la salida de aquellas bellas palabras con las que escribía sus poemas, sus frases y en fin, ella abría sus pensamientos.

Cada palabra hacia Maricela nacía del corazón. Esa noche se había ido en su Motocicleta, iba vestido muy elegante, se había puesto sus mejores ropas, llevaba una chumpa de cuero que había comprado en la institución financiera hace algún tiempo para un convivio navideño. Mientras estaba sentado en las gradas del gimnasio municipal de Tejutla viendo como aquella mujer salía con sus trajes, lucía cada prenda en el cuerpo perfecto, la sonrisa la hacía más bella, aunque él sabía que ella sonreía fingidamente quizá para poder ganar, llegó el momento en el que tendría que decir un mensaje, alguien más lo hizo, pero lo que decía quizá no fue lo suficientemente bueno para convencer al jurado, después de todo ellos calificaban muchas cosas.

Juan Jacobo escuchó atentamente lo que ella decía y después de que ella terminó de decir aquel mensaje, él pensó que si él lo hubiera escrito, las cosas hubieran sido mejor. Al final de la velada, dieron a conocer a la persona que había ganado y pues ella fue la segunda finalista, le había ganado la corona una de sus mejores amigas.

Después que terminó la premiación él vio como le entregaban un ramo de flores y pudo notar que una lágrima había rodado de sus ojos, después de todo Juan Jacobo era el primero y el único hasta ese momento que le había regalado flores, aquel que la había hecho sentir especial y sentir que era más bella que una rosa.

Hubo lágrimas de emoción en su amiga cuando escuchó su nombre, después de eso la reina saliente le entregó la banda y le puso la corona, al terminar el evento había una banda amenizando aquella noche y anunciaron que si querían se podían quedar bailando.

Cuando inició aquel evento, Maricela estaba muy nerviosa, nunca había participado en un evento de esa magnitud, pues ella era de aldea y hasta que estudió había llegado al pueblo, pero más sin embargo nunca participó en el colegio cuando sus compañeros la elegían como candidata para participar en las diferentes actividades del colegio.

Ella sabía que daría lo mejor de ella, pero al mismo tiempo se preguntaba si Juan Jacobo llegaría a verla, ella en el transcurso del evento no pudo verlo a él, pero él si pudo ver todo de ella. Junto a las demás señoritas que habían participado se dijeron que se quedarían bailando un rato.

Juan Jacobo al terminar el evento se encontró con los primos de Maricela y se dijeron que se quedarían bailando y lo empezaron a molestar con la prima de ellos preguntándole el por qué no estaba con ella y además le dijeron que debería de quedarse a bailar con ella, lógicamente ellos no sabían que hace más de dos semanas ellos ya no eran novios.

Juan Jacobo se quedó un rato más, mientras vio como empezaban algunas parejas a bailar, cuando de pronto sus ojos se volvieron a clavar en dos siluetas, era un hombre y una mujer que estaban saliendo de la parte de atrás del escenario, ella traía todas sus cosas que había utilizado, incluso la maleta donde llevaba la ropa que se había puesto en sus diferentes participaciones que tuvo.

Juan Jacobo se quedó atónito cuando vio que era nada menos y nada más que Maricela junto a Kevin, solo se quedó observando cuando pusieron sus cosas en una de las sillas que aún quedaban por allí cerca, porque estaban despejando el espacio para que las personas bailaran, pero de pronto él vio como Maricela se perdía bailando en los brazos de Kevin.

No aguantó más las ganas y se fue, salió de aquel gimnasio Municipal hecho pedazos, nuevamente había visto como aquellos dos disfrutaban la noche y él..., simplemente se marchó porque ya no tenía nada más que hacer allí. Había dejado su moto en un cuarto que había alquilado solo por esa noche con un su tío y se fue hasta la última calle, la calle casi donde nadie camina, donde la soledad es más intensa, donde el frío penetra más hasta los huesos, porque a esa calle, le llaman la calle de la amargura.

Caminaba con el semblante por el suelo nuevamente, pero había algo que desde el cielo veía su caminar, era la luna llena que lo acariciaba en su pena con su luz, ella había apartado las nubes esa noche, así mismo en el cielo se contemplaba las hermosas estrellas y luceros, fue así como salían las palabras dándole sentido a otro hermoso poema:

TEJUTLA

Por unas calles empedradas caminaba,
sin rumbo y sin dirección ¡pensaba!
Pero la luz de la luna llena iluminaba,
aquella oscura calle por la que pasaba.

No sé si era julio o abril
en ese momento había perdido la memoria,
me encerró en el silencio y en el abrir
los ojos, comencé a recordar su historia.

Mi corazón vacío y herido de muerte
¡que mala suerte la mía!
La gente, era media noche y dormía,
y yo caminaba a la luz de la luna que sonreía.

Las calles empedradas, las paredes viejas
de las casas abandonadas a la merced,
las tejas de barro que una a una se caían,
estaban abandonadas como Maricela
a mi corazón y mi alma hacía.

Tejutla, Tejutla, Tejutla, pueblo de mis amores,
desde los rincones de Agua Tibia,
hasta las altas montañas de Julen,
desde El Rosario hasta Los Laureles.

Así de bellas las mujeres,
que sacan a flor mis temores,
quizá sean verdades o rumores,
pero entre todas estas flores,
una es la dueña de todos mis amores.

Adiós Maricela, algún día me iré por siempre,
quizá te olvide ahora o quizá sea de repente,
pero te espero en Nueva Esperanza
o si no, te espero en El Horizonte.

Ya no había más que hacer, se había dado por vencido, sabía que ya no podía tener el amor de Maricela y llegando a aquel cuarto sacó su cuaderno de su mochila y dejó plasmado en papel el poema que en el camino había pensado, dándole ese toque mágico que solo aquel poeta enamorado, ilusionado y con el corazón roto, sabía dejar plasmado.

El otro día en la mañana se presentó a trabajar, se hizo su café como de costumbre, empezó a hacer unos reportes que tenía que entregar a su jefa, después de eso salió a la agencia de San Pedro, San Marcos a realizar unas diligencias, se reunieron con el jefe de agencia para ponerse de acuerdo en algunas cosas y en algunos reportes que estaban implementando.

Se fueron a comer un ceviche, que el jefe de agencia le había recomendado diciendo que estaba muy bueno y que lo vendían en las casetas que se encontraban enfrente del Palacio Maya en San Marcos, fue así como se fueron y estando allí conoció a Melvin, él era el hijo de el jefe de agencia y se encontraba comiendo ceviches allí en esas casetas, Melvin se encontraba estudiando en una Universidad en la ciudad de Quetzaltenango, él estudiaba la carrera de agronomía.

El jefe de agencia le dijo a Juan Jacobo que le presentaba a su hijo y así fue como se conocieron, después de eso se hicieron buenos amigos, él le dijo que podía tocar el piano y la guitarra y que sería buena idea que hicieran un grupo, pues Juan Jacobo le había dicho que él podía ejecutar la guitarra también, en los siguientes tres días se reunieron con otros dos amigos más, uno tocaba la batería y el otro tocaba el bajo, Juan Jacobo tocaba la guitarra y Melvin el piano, además Juan Jacobo empezó a cantar.

Las tardes Juan Jacobo las empezó a aprovechar, de todas maneras Maricela era alguien que a Juan Jacobo estaba tratando de olvidar y él haría lo mismo, empezó a ir a misa los jueves por la noche, cantaba con otros sus amigos en el coro y los días sábados se comprometió a estar de programador en la radio católica que estaba funcionando en esos años. Por las noches el día sábado se quedaba en la radio hasta que terminara de transmitir la misa de las siete de la noche, además se empezó a relacionar con muchas personas más, se dio a conocer en su municipio Tejutla.

Seguía trabajando, los sábados iba a la Universidad y en la tarde se pasaba en la radio, Maricela había dejado de estudiar, ella ya no quiso seguir, solo terminó el semestre de ese año y ella abandonó la Universidad, muchos dicen que le hacía mucho daño el poder ver a Juan Jacobo, porque se le veía sonriente y además él se la pasaba con muchas amigas y amigos.

Maricela y Kevin, salieron una que otra vez, ella quiso intentar algo con él, pero al final de todo no se dieron las cosas, porque realmente él solo quería jugar con sus sentimientos o solamente la quería para un rato, ella realmente no podía olvidar a Juan Jacobo, seguía amándolo de tal manera que no podía ser feliz con nadie más, pero ¿A quién se le ocurre querer estar con alguien amando a otra persona, solo para olvidarlo?

Algunas semanas después Maricela le envió un mensaje donde le deseaba una linda y feliz noche, él no respondió a eso, pero ella sabía que él lo había leído, ella estaba confundida y solo quería saber de él, porque no se hacía la idea de que él realmente no sentía amor por ella.

En esa mañana siguiente Juan Jacobo se levantó, pero antes de eso revisó su celular y se dio cuenta que tenía un último mensaje a las dos de la mañana, abrió el buzón de mensajes de entrada y era un mensaje de Maricela, dónde le decía que le gustaría hablar con él, que si había posibilidad de hablar, ella lo iba a estar esperando en el bus, donde ella se iba siempre.

Juan Jacobo estaba muy emocionado por eso, así que nuevamente se levantó con más ganas, se puso la camisa más nueva que tenía, planchó de la mejor manera su ropa, desayunó como siempre, ese día sintió que su mamá le había hecho la mejor comida, pues nuevamente sus días se empezaban a alegrar y ahora las cosas iban a tener sabor y sentido a diferencia de a como venían siendo, por lo triste que había estado por Maricela.

Esa tarde se volvieron a ver en el bus donde ella se iba para su casa, Juan Jacobo había estado ansioso para poder hablar con ella durante mucho tiempo y en cuanto Maricela lo vio, sus ojos se llenaron de emoción, porque después de muchos días no lo había visto caminar en la agencia donde ellos trabajaban.

- ¡Hola! ¿Qué tal como está?, preguntó Juan Jacobo acercándose a ella saludándola con un medio abrazo y un beso en la mejilla.

- ¡Más o menos!, ¿Y usted qué tal ha estado? respondió y preguntó ella.

- ¿Porqué más o menos? Usted se mira que esta muy bien dijo él, levantando una ceja, al menos yo no me puedo quejar, con unos que otros bajones en la vida pero ahí voy haciendo lo posible para salir adelante, concluyó Juan Jacobo de esa manera.

- Ya veo, veo que esta mejor que nunca dijo ella.

- He hecho todo lo imposible para poder salir, me ha costado pero de plano, dijo él nuevamente levantando las cejas y haciéndole aquella mirada que solo él sabía hacer, esa mirada que en el fondo había enamorado a Maricela.

- ¡Sabe! Quiero confesarle algo, he estado pensando mucho en usted, ahora me doy cuenta que en verdad lo amo, que las noches no son iguales, porque no lo he podido ver durante muchos días, he esperado sus mensajes, he visto cómo camina por las calle o en la empresa, pero no me habla y eso me duele, me lastima. Yo sé que tuve la culpa aquella vez que no le respondí el celular y se que se enojó mucho, pero Kevin solo es mi amigo dijo ella, además salimos a comer una que otra vez, pero realmente me dí cuenta que a quien amo y quiero es a usted.

- Sabe, siempre estuve esperando por usted, como se espera un amanecer o un atardecer, la esperé con ansias como cuando una mujer está esperando a un bebé, así imaginé aquel momento en el que volvería a saber de usted, por cierto me dediqué a escribir poemas de diferentes tipos, escribí poemas a mi mamá y a mi papá, a mi tierra y en fin, creo que usted fue mi inspiración, dijo él.

En ese momento Juan Jacobo le empezó a platicar de lo que él en algún momento esperaba, que sus obras al final de todo fueran publicadas y leídas por muchas personas, que algún día se diera a conocer que era él aquel poeta escondido, aquel que un día se había escondido en algún lugar remoto de aquel país maravilloso llamado Guatemala. Lugar aquel donde se cosecha el mejor maíz, donde se vé la mejor vista del volcán y las montañas que están alrededor de él.

Él le contaba que muchas veces caminaba por las calles del pueblo sin que las personas lo notaran pero que quería tener éxito en la vida, que esperaba que allí se dieran a conocer sus poesías que algún día había hecho por ella, que quería decirle al mundo entero que había amado a una mujer y que ella había sido el comienzo de su inspiración y que en ese lugar "la felicidad es más que lo que uno es o lo que quiere ser".

Además le dijo que él llevaba puesto como ropa algo que él le llamaba perseverancia, que lo ayudaría a conseguir lo que fuera necesario para poder salir adelante y que si bien ella algún día quería que alistara su equipaje y que lo acompañara en ese viaje, además le dijo que la felicidad de un hombre o una mujer está dentro de uno mismo, aunque quizá muchas veces uno podría sentirse triste pero realmente lo importante era poder sonreír ante la adversidad que había que mostrarle al mundo la mejor sonrisa porque sabía que mucha gente va por las calles buscando una sonrisa de algún desconocido.

La felicidad no es el dinero, robar, mentir, engañar, ilusionar, soñar; la felicidad no es nada si te falta el amor, la felicidad es sentirse bien con uno mismo y compartir esa felicidad, es hacer sentir bien a los demás, brindando ese cariño y amor hacia los demás, ese amor que está dentro de ti, el cual no puedes ver, solo sentir en tu corazón y en tu alma. Si realmente te sientes contento y feliz contigo mismo aceptando tus errores, corrigiéndolos y amándote de la mejor manera posible.

Después de estar hablando algunos minutos de todo esas cosas que él pensaba y que creía, se quedaron fijamente viendo a los ojos y pudieron ver el uno del otro que en verdad seguían enamorados. Fue como Maricela y Juan Jacobo se dieron una oportunidad más, porque él realmente la amaba y no quería perderla, él realmente quería que Maricela siguiera siendo su inspiración, cuando él escribía poemas, poemas de amor.

Volvieron a estar juntos, dándole lugar a nuevas oportunidades, Juan Jacobo se la había dado porque del corazón emanaba el amor hacia ella y ella también lo amaba, a pesar que ella había sido del error, también supo reconocerlo, pero sobre todo Juan supo también aceptarlo y perdonarlo para ser feliz, en ese momento.

Algún tiempo después Maricela conoció a Melvin, uno de los mejores amigos de Juan Jacobo, con el que tenían la pequeña banda, eso por medio de una actividad que habían hecho en la agencia de San Pedro donde el papá de él era el jefe de agencia, esa vez Juan Jacobo se encontraba en el hospital, porque su abuelo había sufrido un derrame cerebral.

Después de que ellos se conocieron, Melvin y Maricela empezaron a hablar, Juan Jacobo se empezó a comportar de una manera extraña, empezó a ser muy celoso con ella y a eso a ella no le gustaba, porque ella quería su espacio, ella quería que él no fuera celoso con ella, a pesar de que se la pasaban muy bien, poco a poco ella se fue cansando, hasta que un día al fin de todo, ella tuvo la oportunidad de salir con Melvin a comer.

Juan Jacobo había ido a traer en Motocicleta a una amiga de su hermana, porque ella le había pedido favor, quería llegar luego al parque donde la hermana de Juan Jacobo estaba reunida con otras amigas. En ese momento cuando él llegó con la amiga de su hermana, Maricela los vio y fue así cómo ella terminó aquella relación con Juan Jacobo, aunque él le explicó ella no quiso creer y lo mandó a volar.

"Una relación se basa en creer a ciegas, amar con confianza, pero sobre todo demostrar eso que realmente se siente de una u otra manera. Un día alguien dijo: Es mas fácil hacer el bien que hacer el mal, porque para hacer el mal tenés que pensarlo una y otra vez a modo que no te descubran".

CAPITULO XII
UN ADIÓS POR SIEMPRE

Cuando en realidad se ama a una persona, se da una, otra y otra oportunidad, es más, se dan las oportunidades que sean necesarias para no perder a esa persona a quien en verdad se ama, se habla sobre el problema y se aceptan las disculpas de quien haya cometido el error, pero muchas veces el dar oportunidades no resuelve la vida de una persona, porque realmente muchas veces se trata de cambiar uno mismo y no tratar de cambiar a los demás.

Después de que Maricela decidió terminar de una vez por todas la relación con Juan Jacobo, él se quedó en mundo tan vació. Sentía que su vida no tenía sentido, que el mundo se le había venido encima. Se ponía a pensar que era lo que realmente había hecho mal para que todo terminara, Si él se había hecho poeta y todo lo que hizo, fue de la mejor manera para conquistar el corazón de aquella hermosa mujer y mantenerla enamorada, pero quizá no había sido suficiente todo eso, quizá había otras cosas más por hacer, quizá hizo falta definir metas a corto, mediano y largo plazo y enfocarse en cumplirlas, quizá hizo falta poner más atención a lo que elle en realidad necesitaba, quizá Juan Jacobo debió de interesarse más en ella, en lo que pensaba y no solo en la belleza física, quizá Juan Jacobo debió de darse la tarea de poder escucharla, de estar allí cuando ella más lo necesitaba.

Ahora Juan Jacobo ya no tenía su más preciado tesoro, ya no tenía a aquella mujer hermosa, quizá el pensó que lo físico nunca se iba a terminar y no cultivo los sentimientos y lo que realmente una persona desea, quizá Juan Jacobo debió haber conocido aquello que ella realmente quería, él debió haber trabajado en los sueños de cada uno, unirlos y hacerlo uno solo, todo ésto realmente encaminado al matrimonio, que realmente para eso debería de ser un noviazgo.

Ese lunes en la mañana, había amanecido un poco cansado, ya que el domingo por la tarde fue a jugar fútbol con sus amigos, esto lo hacía para distraerse, pues los recuerdos invadían su mente, los recuerdos aquellos de Maricela, porque cada cosa que hacía le recordaba a ella, las flores, las nubes de colores, los cielos nublados, los días soleados, las noches serenas silenciosas o las noches con el bullicio de los grillos, los amaneceres con el canto de los pájaros o con el canto de los gallos.

Arrancó su motocicleta y se fue con rumbo hacia su trabajo, lo habían ascendido de puesto, nuevamente pero realmente él no se sentía completo, después de todo allí estaría aquella mujer a la que tanto había llegado a querer, aquella mujer con la que habían planeado permanecer juntos en el tiempo, aquella con la que él sabía que se casaría por la

Iglesia, pero todo había pasado tan rápido y esas promesas de quererse por siempre se habían roto.

Después de todo habían pasado casi mas de un año juntos, pero todo se acabó, se rompió la confianza y cuando eso pasó, todo se empezó a ir hacía abajo, los corazones se rompieron y se hicieron más daño.

Juan Jacobo llegó a su trabajo, habían pasado tres semanas ya, después de la última vez que habían hablado, él ahora empezaba a trascender, los jefes de las agencias lo conocían más, ahora tenía más respeto, sus sueños eran llegar a ser el gerente general, sabía que tenía mucho potencial para llegar a serlo, con apenas 19 años, el tenía grandes sueños.

Se quedó viendo fijamente a su computadora, después de eso sacó su celular para revisar si no tenía mensajes, en eso se quedó revisando los mensajes aquellos con los que se hablaban bonito con Maricela, de pronto una lágrima rodó en las mejillas de Juan Jacobo, un suspiro profundo y una palabra salio al exhalar su aliento y esa palabra el nombre de Maricela.

Al mismo tiempo Maricela se había enfocado en su trabajo, al mismo tiempo ella había regresado a estudiar a la Universidad y quiso concentrarse en sus estudios, pero esa mañana sintió que algo no estaba completo en ella, a pesar de que ella sabía exactamente lo que había pasado, se arrepentía de haber terminado con Juan Jacobo, tenía esas ganas de hablarle, pero el orgullo de ambos nuevamente podía más que aquel sentimiento que ambos se tenían, después de todo Maricela se había acostumbrado a los mensajes de buenas noches que eran los últimos del día antes de dormir y los mensajes de buenos días, los cuales eran los primeros en aparecer en su celular antes que sonara su alarma en las mañanas.

Hasta que al fin de tanto, ella rompió el orgullo y decidió tomar su teléfono celular y le escribió un mensaje diciendo:

-¿Lo amooooooooorrrrrddddddddiiiiddddddooo un perro? ¿duele verdad?

Cuando Juan Jacobo lo abrió, sintió que el mundo regresaba nuevamente a él, que la vida le estaba dando una oportunidad más, después de todo él sabía que tenía que perdonar para poder ser feliz, por lo que sonrió de nuevo y le respondió con un mensaje de la siguiente manera:

- Le amooooonnnnnttttttoooooonnnnnoooo estas palabras para desearle un lindo día.

Cuando Maricela abrió el mensaje, también sus ojos se llenaron de emoción y después de eso le preguntó:

- ¡Hola! ¿Qué tal como está?

- ¡Muy bien gracias a Dios! ¿Y usted que tal como le ha ido? respondió y preguntó Juan Jacobo.

- ¡No tan bien! "Porque extraño a mi poeta", dijo ella.

- Pues el poeta también la extraña demasiado, aunque usted no lo crea, pero él moría de ganas por ver un mensaje suyo, respondió él.

- Yo igual. Dijo ella.

- ¿Podemos hablar más tarde? Preguntó,

- A la hora de la salida, si pudiera ir a dejarme dijo ella.

En ese momento el corazón de Juan Jacobo se lleno de alegría, se aceleró nuevamente, quiso gritar al cielo, pero se aguantó las ganas, porque en ese momento entra su jefa preguntando por algunos archivos que le había pedido.

Juan Jacobo le dijo a su jefa que en unos cinco minutos se los mandaría, entonces guardó su celular, pero sus ojos se habían llenado de alegría y comenzó a realizar los reportes que le había pedido su jefa, se los mandó por correo y después de eso escribió el siguiente poema:

POR TI

pero vaya que pensamiento,
si dices que te miento,
se que te provoca sufrimiento
pero no sabes que por ti, mi corazón sigue latiendo.

Quizá pensaste que siempre te mentía
y que yo de ti me olvidaría,
no sabías que por ti la vida yo daría,
y mentirte, yo jamás lo haría.

Valles y montañas por ti yo cruzaría
por volverte amada mía,
por aquel camino llegaría
que conduce a ti preciosa niña.

Sabes que tanto te quiero,
que vivir sin ti no puedo,
piensas que tengo alma de hierro,
¿Acaso no sabes que por ti yo muero?

No podrán borrarte de mi memoria
aunque de mi te vayas algún día,
no podrán borrar tu historia,
pues juré que siempre te amaría.

Lo imprimió y decidió hacerlo de origami, esta vez había hecho una estrella con la hoja que había impreso. Leyó una y otra vez lo que había escrito, en ese momento llegó la hora de almorzar, salió de su oficina, se fue a comer a la casa de una su tía, ella era familiar de su abuela y la había conocido hacía un par de meses y desde ese entonces le pidió favor que le cocinara el almuerzo.

Estuvo hablando de muchas cosas durante el almuerzo con su tía, pero más hablaba acerca de cuando estuvo estudiando en Quetzaltenango y como la vida le había cambiado en muchas cosas, porque ahora podía valorar más lo que su madre hacía por él a diferencia cuando era más pequeño y estaba en casa.

Él había aprendido a lavar su ropa, a cocinar, a barrer, a trapear y hacer muchos quehaceres de la cocina que se consideraban que era solamente para mujeres, así mismo ella le contaba el porque eran familia y por qué en algún momento no se buscaban con su abuelita.

En eso se acabó la hora que él tenía de almuerzo, se fue de regreso a trabajar. Pasó por la puerta de la empresa aquella y marcó la hora de entrada con su gafete y se fue hacia su oficina, estando allí recibió la llamada de su jefa, para que fuera a enseñar una casa que aquella institución financiera había adjudicado a su favor por un crédito que nunca pudieron pagar a una persona que estaba interesada.

Cuando salió por la puerta principal, el cliente con el que irían a ver la casa ya lo estaba esperando, en ese momento pasó frente a aquella mujer que estaba sentada atendiendo a otro cliente, solamente la volteó a ver despistadamente, asegurándose que nadie lo había visto y le mandó un beso en el aire, ella solamente se rió cuando Juan Jacobo hizo eso y se lo devolvió de la misma manera.

Juan Jacobo salió con el señor a mostrarle la casa que estaba a unas pocas cuadras abajo del parque. Después de enseñarle la casa completa al señor, se regresaron y quedaron que se pondrían de acuerdo para llegar a un arreglo de compra, porque al señor le había interesado, probablemente sería con un poco en efectivo y el resto sería con un crédito otorgado por aquella institución financiera.

Llegó a su oficina, dejó su saco sobre el respaldo de la silla, porque hacía un poco de calor y se fue a hablar con su jefa, diciéndole que ya había ido a hacer lo que le había pedido, que probablemente le había gustado la casa al señor y que pronto se haría la transacción si era posible.

Juan Jacobo, había convencido al señor de la compra de la casa y solo se quedó a la espera de unos días hasta que al final de todo se llevó a cabo la compra del inmueble por parte del señor.

Esa misma tarde al salir Juan Jacobo, Maricela ya lo estaba esperando, él le llamó a su celular y ella le dijo que se encontraba cerca de donde el bus se estacionaba, él la fue a recoger allí, le preguntó como estaba y después de unos minutos, él le dio su casco para que se lo pusiera, ella se subió a la motocicleta y se fueron para la casa de ella, en ese momento se sintieron libres al ir en aquel vehículo que liberaba a Juan Jacobo del estrés y la presión en el trabajo.

Se hicieron aproximadamente veinte minutos de allí del pueblo hacia aquella aldea llamada San Isidro, Maricela se sujetó fuerte a la cintura de Juan Jacobo, lo rodeo con sus brazos mientras él conducía, en ese momento él le preguntaba a ella acerca de como había estado su día y ella le decía que había estado muy bien, pero esperaba con ansias que terminara de la mejor manera.

Ella se quitó el casco y por ratos mientras él conducía, lo besaba en el cuello, además en muchas ocasiones se dieron aquel beso que solamente Juan Jacobo podía dar encima de la motocicleta mientras él conducía. Llegaron a algún lugar que estaba muy bonito que quedaba justo a cinco minutos de la casa de ella, ese era el lugar favorito de ambos cuando Juan Jacobo la iba a dejar todos los días. Se pararon a hablar allí. Se besaron y se abrazaron como no lo habían hecho jamás, mientras Juan Jacobo había puesto en su celular la canción que era la favorita de ambos.

Hablaron de muchas cosas y se dijeron que se darían una oportunidad más Juan Jacobo estaba dispuesto, la vio a los ojos, pero él aún no sabía distinguir entre el amor verdadero y el amor pasajero, porque había confiado en ella pero ella le había fallado según él, pero aún así decidieron comenzar de nuevo.

Al final de ese día Juan Jacobo la llevó cerca de su casa, se despidieron con un beso y fuerte abrazo como si todo iba a estar mejor a partir de ese día, pero quizá en algún momento él no estuvo tan seguro.

Esa noche Juan Jacobo llegó a casa, su madre le había servido la cena, estuvo tan deliciosa que se había chupado hasta los dedos de tan deliciosa cena que ella había preparado. Terminando de cenar se fue a su cuarto se inspiró, abrió su computadora portátil y escribió el siguiente poema:

AQUELLA NOCHE
En una noche de luna llena,
hermosa luz, sus ojos reflejaban
era grande en alumbrar en su faena
pero más grande el amor que en mí, iluminaban.

Inolvidable noche aquella,
en la cual yo la acariciaba,
amor grande sentía ella
y yo de besos su boca llenaba.

Aquella noche, yo me despedía
de aquel lugar que nunca olvidaría
donde la luna llena celosa nos miraba
pero su luz radiante alumbraba.

A lo lejos el ruido de un río se oía
en un momento mi alma estremecía,
pero con su voz me llenaba de alegría
y una luz brillo entre nosotros ese día.

Las montañas celosas aguardaban
una linda vista esa noche se apreciaba
los árboles con el viento nos silbaban
y en nuestra alma un destello de luz alumbraba.

Érase ya muy de madrugada
en aquella noche fría y estrellada,
yo la abrigaba y sus hermoso ojos contemplaba
y su pelo negro como la noche acariciaba.

Su inspiración la dejó guardada y se fue a dormir, eran las dos de la mañana, esa noche había escrito algunas frases de auto motivación, las cuales le habían ayudado mientras no estuvo con ella.

Pasaron las semanas, todos los días era lo mismo, Juan Jacobo al salir de su trabajo la recogía allí mismo donde se estacionaba el bus y la iba a dejar cerca de su casa, nunca tuvieron relaciones pre matrimoniales pero una tarde de marzo, su motocicleta se le había descompuesto por lo que la llevó al taller de Motocicletas de don Maco, un señor alto que era uno de los mejores y tenía la mejor experiencia en motocicletas tan antiguas como la de él.

La dejaría allí por algunos días, hasta que la tuviera arreglada. Habían dos buses que pasaban por el mismo lugar donde Juan Jacobo podía bajarse para irse caminando, pero el que iba al lugar donde vivía Maricela pasaba al otro lado del río.

Sucedió entonces que en esos días Juan Jacobo salía de su lugar de trabajo, acompañaba a Maricela en el bus, se iban juntos disfrutando del paisaje, hablando de muchas cosas importantes, se reían de todo dentro del bus y así pasaron unos días ocho días; todos los días durante el tiempo que él no tuvo su motocicleta la acompaño de una u otra manera, aunque solo él se iba caminando desde el crucero donde lo dejaba el bus hasta su casa, porque todos los demás jóvenes que iban a estudiar de la aldea de donde él era, ya se habían ido en el otro bus.

Por fin a Juan Jacobo le entregaron su motocicleta y empezó nuevamente aquella rutina de ir a dejar a Maricela hasta donde ella vivía, eso era de lunes a viernes, los días sábados ambos estudiaban. Él estaba estudiando la carrera de Auditoría y Contaduría Pública y ella estudiaba para ser Abogada y Notaria, en una Universidad que había abierto su sede en el pueblo hace algunos meses.

Los domingos muchas veces Juan Jacobo iba a jugar por las tardes a diferentes lugares, ya sea con el equipo de fútbol de la aldea donde él vivía o con el equipo de sus primos de ella con los que se llevaba muy bien, aunque algunas veces iba a jugar con sus tíos que vivían en otra aldea.

Cuando iba a jugar con los primos de Maricela, se veían en el centro de la aldea como siempre, además iban a dar una vuelta a diferentes lugares, pero más le gustaba a Maricela ver a Juan Jacobo haciendo caballitos y dando la vuelta en U, al pisar el freno trasero de su motocicleta.

Después de varios meses de estar juntos, Maricela empezó a cambiar, ella ya no era la misma, sus mensajes se volvieron más fríos, las palabras que antes adornaban aquellos mensajes ya no eran más, a veces le decía que no quería que la fuera a dejar a su casa, porque su papá estaba yendo muy seguido a traerla a Tejutla, a pesar de que ella ya no era una niña.

Juan Jacobo le había dicho que quería ir a casa de sus padres para pedirles permiso para que pudieran andar tranquilos, ella se negó las veces que él intentó hacerlo, él entonces en ese momento se sentía confundido.

Sus ojos dejaron de ver a Juan Jacobo como antes lo miraban, se empezó a perder el interés que ella tenía hacia él, no le importaba si él se mojara por ir a buscarla los días domingos, ya no era temporada de Universidad, por lo que no la podía ver los días sábados. Se miraban muy poco, como Juan Jacobo por el nuevo puesto que tenía, hacía que fuera de agencia en agencia casi a cada dos días él estaba en un lugar diferente.

De pronto un viernes que él había salido temprano, pasó por el pueblo porque había ido a San Marcos a hacer unas diligencias de parte de su trabajo, la fue a esperar cerca de aquella institución financiera, estaba en la esquina donde estaban unos comedores, su mirada se clavó en lo que estaba viendo.

Era Maricela la que iba saliendo y allí estaba Melvin, él la había ido a traer y la saludó con un beso en la mejilla, Juan Jacobo no tenía porque preocuparse en algún momento, pensó que era solo un amigo más, aunque por dentro su corazón se empezó a acelerar, recordó aquello que había pasado mucho tiempo atrás con ella cuando no respondía su celular y resultó que hablaba con Kevin.

Se fueron caminando pero a pesar de que ella lo miró parado allí a Juan Jacobo hizo como si realmente no lo hubiera conocido, lo ignoró totalmente. Caminaron por muchas cuadras, Juan Jacobo los siguió. Ellos se fueron hasta aquel lugar donde ella alquilaba un cuarto para guardar sus cosas, pero casi nunca lo utilizaba para ir a dormir.

Esa tarde Juan Jacobo vio con sus propios ojos como aquella mujer que tanto había llegado a amar, a la que tanto había querido, por la que era capaz de dar su vida entera. Vio como Maricela y Melvin se besaban, él se había quedado en la esquina viéndolos como se abrazaban y él decidió alejarse con un gran dolor en el corazón, quería llorar pero se aguantó.

Se fue al bus donde Maricela se iba y se sentó a esperarla enfrente del bus, cuando de pronto la vio llegar. Ella se miraba muy feliz, llevaba una enorme sonrisa en el rostro. Pero realmente ¿Qué era lo que ella había estado pensando cuando traicionó el amor que Juan Jacobo le brindaba? De pronto vio a Juan Jacobo allí sentado y se sorprendió en ese momento y ella le dijo:

- ¿Qué esta haciendo aquí? Según yo estaba en San Marcos y no iba a llegar luego.

- Pues ya vé que estoy aquí y la verdad ya vi todo lo que necesitaba ver, dijo Juan Jacobo con una voz donde las palabras se ahogaban.

- ¿Qué cosas? Preguntó ella asombrada, como si no hubiera pasado nada y a la defensiva.

Entonces fue así como Juan Jacobo le empezó a decir las cosas que había visto y ella atentamente escucho:

- "La fui a buscar a la agencia, esperé hasta que saliera, cuando de pronto vi que estaba saliendo y mi corazón se alegró porque ya la extrañaba, pero vi como salía y en la salida la estaban esperando, los seguí de lejos y al final pude ver cuando se despidieron con Melvin, vi como se besaban y abrazaban. Mi corazón en el fondo estalló en llanto, se rompió como el cristal lanzado a la pared. Mi alma se desintegró". Con razón noté que desde hace muchos días usted esta fría, hace de cuenta como si yo no le importara nada, pero lo bueno es que ahora me doy cuenta que clase de persona es. Por lo que le agradezco por todas aquellas ilusiones, aquellas promesas de amarnos, casarnos y tener hijos, pero ya veo que no será así, dijo él.

Ella solamente se quedó escuchando y Juan Jacobo se marchó después de decir la última palabra. Ella sintió que quería morirse, que no había más por hacer, que ese amor debía de terminar, pero que al final de todo quedarían sus poemas, sus palabras bellas como recuerdo en la mente de ella.

Juan Jacobo no soportó ser más correspondido, su amor en ese momento agonizaba. Hasta que llegó el momento que falleció cuando los vio a ella y a su amigo de esa manera, solo quedaron los recuerdos de momento felices, de risas, de poesía y de futbol, pero sobre todo, de tardes mágicas que nunca se olvidarán.

¿Qué cosas hizo en el corazón de Juan Jacobo aquella chica llamada Maricela, la chica de la relación prohibida, la que un día el amó con locura, la que en ese momento pensó que era el amor de su vida, la que pensó que sería su compañera de viaje en el camino de la vida?

Hoy solo quedaron los poemas plasmados en hojas de papel, los recuerdos grabados en la memoria de Juan Jacobo. Él decidió salir adelante y conquistar su mundo lleno de oportunidades, decidió por mucho tiempo no ilusionarse con ninguna chica más, esperando el momento perfecto para poder entregar nuevamente su corazón y volver a enamorarse.

Juan Jacobo volvió a tomar su guitarra y encendió la bocina y la puso a todo volumen, comenzó a practicar para poder cantar y ejecutar nuevamente su guitarra. Lleno de melancolía, siguió por unos días más en aquella institución financiera hasta que llegara la oportunidad de ser Gerente General, porque él nunca se imagino que después de muchos años sería un escritor famoso y un poeta reconocido gracias a la historia de Maricela.

Juan Jacobo esperará a Maricela en algún lugar de este o el otro mundo, porque el amor en él hacia aquella mujer hermosa nunca morirá, más sin embargo crecería la inspiración para seguir haciendo los mejores poemas...

ALGUNOS AÑOS DESPUÉS...

Maricela se casó con Melvin él amigo de Juan Jacobo, él supo conquistar su corazón con canciones, mientras Juan Jacobo le escribía poemas, Juan Jacobo no tenía para comprar regalos caros porque le estaba pagando unos créditos a su papá, el amigo de él si lo hacía, porque su papá a parte de ser gerente de aquella institución financiera tenías mas negocios que le generaban ganancias.

Juan Jacobo siguió con su inspiración, siguió escribiendo los mejores poemas, las mejores frases. Aunque también ha tenido que enfrentar grandes desafíos para poder dar a conocer sus poemas, ha logrado superar sus miedos y sus temores y un día se le vio por allá en un lugar que muchos le llaman el norte teniendo éxito, acompañado de su soledad con sus poemas y su guitarra...

Continuará...

"Cada uno hace su propia historia a su manera, tomando decisiones que a través del tiempo nos llevan a conseguir resultados sean éstos buenos o malos, pero queda grabada en la memoria de quienes nos han acompañado por un largo o corto periodo de tiempo. Muchas veces llegamos a dejar una lección o una enseñanza en la vida de las personas a quienes conocemos, muchas veces quizá a través del tiempo nos olviden o recuerden".

BelitoB

CAPITULO XIII
POESIAS

He aquí la colección de poemas escritos el poeta aquel, un poeta que durante mucho tiempo estuvo escondido, aquel que encontró la mejor manera de dar a conocer su talento, talento que no cualquiera puede desarrollar pero que todo mundo posee.

Cuando el sol se ocultaba detrás de aquellas hermosas montañas, florecía la poesía y la inspiración, así como todas las mañanas cuando el sol salía y las aves entonaban la canción, la canción más hermosa que salía del corazón, el susurro que con el viento se iba hasta los rincones mas escondidos de esta tierra.

Sus ojos se llenaban de lágrimas, sus oídos se llenaban de melodías y sus cánticos del alma llegaban hasta el cielo o hasta el corazón de la tierra, sus antepasados estuvieron orgullosos de él, así como él estaría orgulloso de su descendencia.

¿Quién sería digno de ver aquellas letras que guarda en sus escritos? sino solo aquellas personas selectas que fueron la inspiración de un hombre llamado Juan Jacobo, aquel quien fue y será el poeta, el loco soñador.

GUATEMALA

País de la eterna primavera,
hoy alzas al cielo tu bandera,
como señal de libertad.

Bello es el lago de Atitlán
como la cumbre de tu mas alto volcán,
en el mundo no hay igual,
Guatemala tu nombre inmortal.

Hoy te vistes de Azul y blanco
que son los colores del cielo,
hoy quisiera cumplir mi anhelo
de decirte que te amo tanto.

AÚN TE QUIERO

Somos un suspiro que el viento se llevó,
una espina que de la rosa se cayó,
fuimos dos almas en pena
que habitamos al silencio de la luna llena.

Por eso te escribí una canción,
que nació en lo mas profundo de mi corazón,
fue en un momento de dolor
o quizá un momento de inspiración.

Nada de lo que hice por ti valió la pena,
y ahora estoy pagando caro mi condena,
no te tengo a ti en esta noche de luna llena,
y mucho menos para que contemplemos las estrellas.

Con tu presencia se iluminaba mi cielo
eras tú mi más preciado anhelo,
eras tú la que se escondía entre mis sueños,
pero eras tú la que causaba mis desvelos.

Tu corazón se hizo fría como el hielo,
tu alma tan fuerte como el hierro
aunque en ti mis sueños aún aferro
no me queda más, decirte que te quiero.

EL FIN DEL CAMINO

Altas las milpas crecieron,
los bosques grandes fueron,
bajo la lluvia felices se sintieron,
pero terminando el invierno se rindieron.

Todo en la tierra era maravilla
los árboles daban frutos y semillas,
pero el hombre hizo villas
y así fue como terminaban con su vida.

Eran los bosques más grandes que existieron,
árboles que llegaban hasta el cielo,
no se sabe si fue por el hielo,
pero poco a poco ellos desaparecieron.

Los hombres nunca los cuidaron,
casi siempre los cortaron,
aunque hubieron algunos que sembraron
se acabaron y ahora ellos sufren el verano.

Así fue como los ríos se secaron
desastres fueron lo único que ganaron,
cuando los árboles cortaron,
porque las montañas nunca retoñaron.

Desiertos fue lo que cultivaron,
con los árboles que talaron.
Sus hijos sequías esperaron
y así el mundo se desvanecía entre sus manos.

Días de gloria fueron aquellos
donde los hombres fueron millonarios,
pero nunca cuidaron los bosques más bellos
y al final no quedó ninguno de ellos.

Ese fue el fin del camino
y al final no quedó ni un solo pino
la lluvia dulce ya no vino
y así fue como los hombres sellaron su destino.

TU PARTIDA

Estando en la cima de la Piedra Partida,
recordé aquella profunda herida
que dejaste en mí con tu partida.
Recordé tu corazón tan frío,
como el frío de Ixchiguan.
Busqué consuelo o alivio,
donde nunca lo hallarán,
estos ojos traviesos que un día te miraron,
los que un día contemplaron tu sonrisa
que con el viento se perdió
en medio de la lluvia o de la brisa,
y que el tiempo nunca olvidó.

Recuerdo aquel amanecer en el volcán,
el testigo fiel de nuestro amor,
aquel día mientras el sol caía,
quizá palabras faltarán
para describir aquel día
cuando de mis brazos te ibas
y jamás regresarías.

Tu nombre grité al viento desde el Tacaná,
para que lo escuchara el Tajumulco,
fue tan fuerte, que en el silencio se quedó,

y el vacío que en mi pecho se sintió,
grité al vació pero nunca se escuchó,
porque tu nombre el Tajumulco lo olvidó.

MI ABUELITA

Allá con la mirada tierna, espera,
con una taza de café en la mano,
¡oh mezcla de los dioses mi hermano!,
es el café que ella muele en piedra.

Los años han marcado su piel
pero nunca su tierna mirada,
parece que fue ayer
cuando frente al fuego la vi sentada.

Ella es mi hermosa abuelita,
aquella que al mercado me enseñó a ir,
ella es mi bella madrecita
que la comida me enseñó a servir.

Sus ojos llorosos me vieron partir
con una abrazo sé que me espera,
espero pronto poder ir
y poder contemplar a mi hermosa estrella.

Sus pies cansados de tanto caminar,
hacen más lentos sus pasos al andar,
es mi abuelita que me enseña
que la mejor de todas las mujeres, es ella.

TEJUTLA

Existe un pedacito de tierra
dónde se toca el cielo con las manos,
donde la luna se ve más bella
donde se contemplan más grandes las estrellas.

164

Rodeado de bellas montañas
abrazada de lindos paisajes
donde el canto de las aves
hacen inolvidables tus mañanas.

El lugar más bello del mundo
aquel que tiene un centinela,
por el que crece un sentimiento tan profundo
y por el cual mi corazón y mi alma velan.

En las mañanas se viste de colores,
y en la tarde el aroma de las flores,
del clavel, la rosa y la begonia
¡oh! Tejutla de mis amores.

Entre milpas y veredas
conduce el camino hacia mi casa,
voy silbando porque te amo de a de veras
es mi lugar favorito, del cual mi alma nunca se cansa.

¡Oh Grandes y hermosos bosques!
donde se respira el aire puro
¡oh Benditos y altos montes!
allí donde mi corazón se siente seguro.

El haber caminado por tus calles
y haber cruzado por tus valles
me recuerdan juventud eterna
y el amor de mi vida, mi alma gemela.

Lugar donde forjé mis sueños
lugar del que me despedí llorando
tierra donde mis antepasados fueron dueños
y solo quedan los recuerdos.

Juré que a mi pueblo volvería
si así un día Dios lo permitía
¡Oh! Tejutla de mi vida
Fuiste el pueblo donde yo me enamoraría.

TODO TERMINÓ

Todo terminó y es para siempre,
vete, vete de mi mente,
Y no regreses a mi corazón,
aunque por ti lata fuertemente.

Corre corazón y alcanza la luna,
aunque mi corazón no te olvida
porque como tú ninguna
vete y sigue con tu vida.

No voltees hacia atrás
que me vas a ver llorar,
corre, alcanza al bus en que te vas,
no regreses que no te voy a perdonar.

Mis ojos llorosos te extrañarán
mas sin embargo de ti se olvidarán
corre porque todo terminó,
corre porque todo se acabó.

Adiós te dice mi mano al viento,
este puro sentimiento,
te seguirá hasta que camine lento
y se morirá y se irá con el viento.

De recuerdo me quedaron tus besos
soñaré con tus abrazos
no besaré otros labios como esos,
pero me voy porque hiciste mi corazón pedazos.

LUNA LLENA, LUNA BELLA

Detrás de esa montaña te contemplo
Luna llena, luna bella,
Has hecho de mi corazón un templo,
Para ti hermosa doncella.

Corrí para querer alcanzarte,
cuando detrás del volcán te ocultaste,
quería junto a mi pecho abrazarte,
pero ya era de madrugada y te borraste.

Te borraste del cielo estrellado,
porque con el sol fue iluminado,
pero me quede allí sentado,
junto al cielo enamorado.

Luna bella, hermosa doncella,
testiga de mis noches de amor,
noches de inspiración,
cuando el amor salía de mi corazón.

Tu dulce luz iluminó mi camino
muchas veces en la oscuridad de la noche
¡oh! Dulce luna llena iluminas mi destino
desde hace mucho tiempo y sin reproche.

Mi cielo iluminado con tu luz hermosa
luna llena, luna bella
en primavera te regalo una rosa
coronada con una estrella.

¿Por qué será que como te extraño?
¿Por qué será que como me duele cuando no te veo
salir?
¿Por qué será que tengo ganas de verte?
¿Por qué será que tengo ganas de contemplarte?
¡Oh! luna llena, ¿Por qué no salís?

QUISIERA

Sentí como si ella estaba ahí,
solo pude sonreír y de pronto estas letras escribí.

Quisiera ser tu hombre
Y tú fueras mi mujer,
Llevarte a lo alto de la cumbre
Y mirar la milpa florecer.

Quisiera ser un campesino,
Quisiera ser un labrador,
Para sembrar contigo mi destino,
Y ver crecerlo como flor.

Quisiera ser aquel que te lleva a la luna
quisiera ser el que te hace especial
para hacerte sentir como ninguna
y llevarte al cielo en una nave espacial.

Quisiera ser aquel loco enamorado
que pone la mano en el arado
y no voltea hacia atrás
porque no recorre el mundo en vano
y te demuestra que te ama dondequiera que vas.

Quisiera ser tu poeta
aquel que escribe poemas solo por ti
Aquel que abraza tu silueta
y por ti no deja de sonreír.

Quisiera ser el que te lleve a la cima del volcán
mostrarte las maravillas del amor,
Aquel que sus ojos solo mirarán tu rostro angelical
y hacer que te olvides del temor.

Temor de querer amar o de olvidar,
por eso quisiera ser lo que soy y mucho más
paara que veas que soy sincero al amar
y que no te engañaría jamás.

LA AVENTURA

Que buena fue mientras duró la aventura
las palabras quedan grabadas en el corazón
sin imaginar el dolor que te causan
cuando después se van sin decir adiós.

Sin saber nada de nada de ti,
te quise por muchos minutos y segundos
mientras duro lo que tenía q durar,
hasta que un día te quise ir a buscar
pero nunca la encontré

Que gran aventura al ir a Xelajú
muchos viernes de verano
solo por tomarte de la mano
y para darte un beso hasta donde estabas tú.

La aventura de recorrer carreteras
la aventura de caminar por las veredas
mientras el sol se ocultaba
allá por las montañas.

La aventura de regresar por las mañanas
a mi pueblo natal
después de verte sonreír allá en las sabanas
en los campos llenos de agua del manantial.

La aventura más grande en motocicleta
por llegar hasta ti, mejor que en bicicleta.

¿DESDE HACE CUANTO?

¿Desde hace cuanto q te quiero?
Creo que ya hasta lo olvidé,
sabes mi bebé,
tengo para ti el amor sincero.

Desde hace cuanto vives en mi mente,
creo que se me olvida de repente
ya no se si vivo para mí,
o si al final vivo para ti.

Desde hace cuanto me enamoré
solo se que te llevo en mi poesía
y este poeta preso de la melancolía
te ama desde hace mucho bebé.

SEÑOR JESÚS

Te amo, te quiero, te adoro,
eres mi aliento en la mañana,
eres la paz que anhela mi alma,
eres el dueño de la luna, eres el dueño del alba.

Señor Jesús tú eres el pan bajado del cielo,
con razón a ti se arrodilla toda la tierra
y alaban tu santo nombre,
entrego a ti mi corazón,
entrego todo lo que soy: este pobre hombre.

En las mañanas te escucho en el canto de las aves
te veo en el cielo y las estrellas,
en el rostro de mi hermano
en el sonido del viento.

Tu nombre es tan poderoso,
eres Dios, un Dios asombroso,
tus maravillas me atrevo a contemplar,
las montañas, los valles y las estrellas brillar.

Señor Jesús, nos iluminas con tu luz,
nos diste el perdón en aquella cruz,
que mi canción llegue a tu corazón,
cuando se llena mi alma de tu gozo
me sacaste de los más profundo de aquel pozo
y me diste vida para cantar con razón.

Te alabarán todas las naciones de la tierra
se arrodillarán y postrarán
todas las personas de mi era,
a ti te alabarán.

PARA MI MADRE

Un día inesperado,
pero era ya planeado,
tu carita triste inundada de dolor
pero llena de alegría porque pronto recibiría un regalo.

Era yo quien en camino ya venía,
por mi, tanto ella sufría,
Dolor tras dolor. ¡oh madre mía!
que agonía, que alegría.

Después de eso pronto yo nacía,
me miraste y contemplaste,
sonreíste y al cielo gracias diste,
era solo el comienzo noches enteras
que te esperaban pero nunca te rajaste.

Madre desde ese entonces estuviste a mi lado,
es por eso que yo fui tu regalo
Y tú, un ángel que bajo del cielo
Y por eso te saludo y tu felicidad anhelo.

Te amo madre mía como a nadie en mi vida,
Es por eso que en tu día quiero ser tu alegría
Darte de regalo estos versos
que te escribe el alma mía
Y decirte que tu amor admiro cada día.
Te amo madre mía.

DULCE MORENA

¡Hay nena linda!, dulce morena de piel canela,
como te extraño, aunque a veces no te veo,
juro que no puedo dejar de admirar tu dulce encanto...

Porque, ¡Qué bello es tu mirar! y ¡que dulce tu besar!,
te extraño morenita linda,
me robas el aliento
le decía un enamorado a la chica que le robaba el
pensamiento.

Cada noche sueño que te beso,
que acaricio tu delicada piel morena
y te invito a salir en una noche romántica
junto a las estrellas y luceros...

Cómo te sueño ¡oh luna radiante!
de noches de ensueño
que por ti me desvelo,
que por ti me muero...

Si tan solo pudiera medir lo que siento por ti,
te darías cuenta que no hay medidores
que lo puedan lograr; porque lo que siento por ti,
es más inmenso que las arenas del mar,

más grande que la distancia
que hay entre la tierra y el cielo que es tan infinito.

ANOCHE

Anoche durmiendo te soñé
tan linda y tan bella te miré
un sueño mas contigo,
pero lo malo es que ya no estas conmigo.

Otra noche de desvelo sin ti,
solo en mis sueños, vivo para ti
dulce mirada y labios de diosa
dulce niña celosa pero hermosa.

Tus ojos mirándome tiernamente
porque solo existes en mi mente,
en mis sueños te amo ciegamente
y cuando despierto por ti mi corazón late fuertemente.

Anoche otra vez el sueño mas lindo,
soñé que tu rostro acariciaba,
tus labios de miel besaba
pero poco a poco la noche se esfumaba.

NUESTRO AMOR

Hoy viendo al cielo recordé,
cuan grande era nuestro amor.
Hoy viendo las montañas te miré
y un suspiro recordó aquel dolor.

Amor grande el nuestro fue,
maravilloso e inmenso recordé
El día aquel cuando con el universo
Entero yo te ame.

Cuando todo se acabó,
un suspiro en el aire se quedó,
llorando el cielo terminó
Y la tierra entera un diluvio de lágrimas la inundó.

Te extraño con tu pelo negro,
como la medianoche eterna
como extraño mi mundo a tu lado
y pasar contigo una vida entera.

PENSANDO EN LA BELLEZA

Pensando en la belleza que deslumbra que desvive
y que se pierde en la inmensidad del universo entero,
que brilla como radiante lucero,
que se notó en el inmenso cielo.

Pensando en ti refugio de amor y anhelo,
dime lo que sientes y te diré cuanto te quiero
y por ti pedazo de cielo es que vivo enamorado.

Las palabras no existen para describirte
cuando contemplo la luz de tu mirada
que me quema dentro de mi alma,
la luz de tu belleza sin igual,
que deslumbra como estrella fugaz.

Pensando en la luz de tu mirada,
Mirada linda, mirada bella,
No es mirada de cuentos de hada,
Es mirada radiante como una estrella.

Luz de tus ojos, sonrisa de tu rostro hermoso,
Mirada tierna, mirada encantadora,
Que maravilloso,
Mi alma solo a ti te añora.

UN AMOR PROHIBIDO

De un amor prohibido,
Nació un amor sincero,
Es lo mejor que he vivido,
Es mejor que un aguacero.

Hace tiempo fue,
El día en que me enamoré,
De esos ojos de miel,
Que tiene esa mujer.

Al contemplar su rostro hermoso,
Cautivo mi corazón,
Al probar sus labios rojos,
Sus besos me llenaron de ilusión.

Que lindo es tu mirar,
Cada día que te veo,
me enamoro mas y mas.
Es que eres mujer digna de admirar.

Prohibido ya no fue,
Pero nunca te tendré,
Siempre te recordaré,
Y con tu recuerdo moriré.

PENSANDO EN TI

Pensando en ti bajo esta lluvia que no cesa,
pensando en tu belleza.
Pensando en ti bajo esta lluvia intensa,
tu manera de besar invade mi cabeza...

Tus besos recuerdo con cada gota que veo caer,
como gotas de miel, como los besos que me diste en
el ayer.

ESTA NOCHE

Las flores en el campo
Sobresalen con encanto
Te escribo un verso
O te escribo un canto....

Contemplo tu mirada bajo la luna
Acaricio tu pelo negro
Beso tus suaves labios
Escucho un susurro con dulzura...

Es tu humilde corazón
El que late con ternura,
Y palpita con locura
Haciendo eco una canción...

Es mucha la emoción
Esta noche fría se calienta
Al tenerte muy cerquita,
Muy cerquita de mi corazón...

INMENSA SOLEDAD

En esta inmensa soledad que me abraza,
La noche fría y oscura me acaricia...

Solo un abrazo y un beso me la quita,
Aunque sea una noche muy chiquita,
Se pasa rápido si un beso te doy en la boquita.

POR UN LUGAR

Por un lugar en tu corazón,
Por un lugar en tu mente,
Que me roba la razón
Por un beso que te dé en la frente.

Los besos que te doy,
Los besos que te he dado,
Hacen lo que soy,
Hacen lo que hago.

EN UNA NOCHE DE LUNA LLENA

En una noche de luna llena
Tus ojos hermosos reflejaba,
La dulzura de tu mirada
Que al delirio me llevaba...

Tu pelo negro se confunde con la noche,
Apenas te puedo contemplar,
Pero luego la luna llena refleja
Con su alma buena, nuestros rostros
Y puedo ver tus ojos llenos de amor

Q bella mirada encantadora,
Es una mirada seductora...
Tus labios me hipnotizan,
Tu forma de ser que me enamora...

Al verte tan hermosa,
Recuerdo aquel momento en que te vi,
Al verte tan preciosa,
Recuerdo cuando me enamore de ti.

Tus ojos, dulce encanto...

CUANDO PIENSO EN TI

Cuando pienso en ti,
las palabras se me van,
invade la emoción a mi pobre corazón.

No existen palabras para describir lo q por ti yo siento,
este grato sentimiento

al verte en mi pensamiento tan linda, tan radiante.
Que quieres que haga si te amo,
si te siento tan cerca aun no estando a mi lado.

En un suspiro te mando en el viento
un te amo, un te extraño
aunque pasen años te envió un te quiero
te mando un te espero.

ELLA

Me levanté una mañana,

Me asomé a la ventana,
No podía dejar de pensar en tu mirada.

Qué mirada encantadora,
Con una sonrisa que enamora,
Una linda chica soñadora.

Solo pienso en ti,
El momento en que te vi,
En el primer beso que te dí.

Desde el primer día que te vi,
vives en mi mente y en mi corazón
desde entonces cuando vuelvo a verte, pierdo la
razón.

CAPITULO XIV
FRASES/
PENSAMIENTOS

Al principio nunca se nota el esfuerzo que haces por conseguir lo que querés, te das cuenta hasta cuando ya lo hayas conseguido.

Si piensas que me iré, es porque quieres que me aleje de ti; si quieres que me quede, es porque no puedes vivir sin mí.

Si ya no me quieres y no sientes nada, ¿Por qué me miras? ¿Por qué me miras así? Esa sonrisa tuya encantadora de la que un día me enamoré, me vuelve loco, pero viéndome, aún me lastimas.

Pienso estar a tu lado, pienso estar contigo, solamente déjame ser tu más fiel amigo.

Cuando sientas que no hay alguien a tu lado, mírame que allí estaré yo para hacerte compañía.

No dejes que te dañen, no permitas que te olviden. Deja que te ame y verás que no hay engaño, en mi boca las palabras que te diga, aunque no hagan maravillas, estaré para decirte lo mucho que te quiero y que a tu lado estaría.

Si piensas que no vale la pena vivir; ¡CUIDADO! estás tratando de decir que no vale la pena tu esfuerzo.

Muchas veces las personas se desaparecen, pero al pasar el tiempo de la nada se aparecen.

Las noches son largas sí el sueño es profundo, más las noches son cortas cuando te pierdes en el fondo de un abismo tan profundo.

Sí la vida te da mil vueltas, sácala a bailar.

Si del cielo se pudieran bajar estrellas, la tierra se iluminaría, pues todos también brillarían.

Cuando te canses de ver hacia el cielo y de esperar que de allí te caiga lo que tanto esperas, baja la mirada, puede que halles en el suelo lo que tanto esperas, porque pudo haber caído mientras cerrabas tus ojos cansados de tanto mirar el sol.

Muchas veces es mejor hacerlo y arrepentirse, a no hacerlo y después arrepentirse de no haberlo hecho.

Hay que sonreír, en vez de llorar... Hay que hacer realidad los sueños en vez soñar despierto. Alégrate hoy y no dejes para mañana si hoy puedes sonreír.

Sois lo que pensáis que sois... Así que piensa que eres diferente y lo serás, sonríe sobre todo, cambia a los demás con tu sonrisa, recuerda que puedes cambiar lo que muchos piensen de ti cuando te vean sonreír.

No pierdas el tiempo en darle vueltas a tu vida, mejor aprovecha tu vida para dar vueltas en el tiempo.

Estoy feliz, aún estando triste, porque la vida me muestra su lado oscuro, pero yo pongo una luz.

Casi ya termina otro día... La noche ya se aprecia. Solo quedará grabado en tu mente lo bueno o malo que te pasó e hiciste el día de hoy.

Que hermoso atardecer en la Villa de Tejutla, el sol se oculta lentamente, habiendo hecho lo suyo, calentar esta tierra bendita, se va, se va, pero queda la esperanza de verlo mañana salir nuevamente sonriente.

Hay que valorar la vida, como si hubiera sido el gran tesoro escondido que acabas de encontrar, no dejes que nadie te robe el momento más hermoso, no dejes que alguien rapte tu felicidad por un instante; disfruta cada día, viviendo como si fuera el último de tu existencia y valórate tú mismo, porque nadie lo hará por ti. Porque tu eres un tesoro, porque no hay nadie igual a ti.

Mujer, mujer, mujer, es así como se le ha llamado al ser más especial, al ser que da vida aunque a veces nos la quita, pero es lo más bello de la creación, por ti mujer mi inspiración, por ti mujer, por ti mi corazón.

¿Por qué cuando estoy a punto de encontrarte, te desvaneces como polvo, corres, huyes, vuelas y no te dejas alcanzar? Quiero que sepas que te busco por las noches cuando miro las estrellas, a gritos te llamo, pero nunca contestas, nunca te dejas encontrar. ¿Hasta cuándo he de verte?

¿Hasta cuándo he de encontrarte lucero
radiante de mi corazón?

El lugar más hermoso, solo lo puede dibujar tu
imaginación, atrévete a vivir en un mundo
diferente, donde la gente que te rodea, sean los
amigos que quisieras tener. Atrévete a ser cool,
atrévete a ser diferente, sé tu mismo,
solamente tú y no veas o copies lo malo de las
demás personas, sino toma lo bueno y echalo a
la bolsa de tu corazón y guardalo en lo profundo
de tu corazón, ¡Recuerda que tu mundo es feliz
si tú sonreís, tu mundo es hermoso, si así lo
crea tu imaginación!

El ser humano más feliz del mundo... ¿Existe? Sí,
eres tú, si así lo creas en tu mente, porque solo
tu puedes reír, llorar, gritar... En fin solo tú eres
la persona más feliz del mundo cuando así lo
crees, cuando la esperanza de vivir no se pierde
y la llegada de la muerte aún se encuentra lejos.

Invades mi mente, invades mi corazón, te quiero
mucho más de lo que imaginas, te extraño tanto
que solo hay lugar para ti en mi corazón, en un
poema o en una canción.

Si quieres ser el más importante, atrévete a dar
lo mejor de ti y nunca le des la espalda a quien
necesita un abrazo, ¡Recuerda! nunca debes
olvidar de donde venís y por quien estás en
donde estás. Da siempre lo mejor de ti y lo
mejor vendrá a ti.

El valor más grande es el valor de quererse y
amarse a sí mismo, para así poder valorar y

amar a las demás personas, por eso valórate y ámate sin medida a ti mismo.

Si quieres verte llegar lejos, no temas a la oscuridad porque entre ella hay un resplandor en tu interior.

Muchas personas te dirán: Te amo... Pero no todas te van a demostrarlo, por eso sigue adelante que la lucha continúa, no te des por vencido(a) que entre más te falten las fuerzas, tu corazón debe de tener más valor.

Tal vez me mires como al resto del mundo, pero mírate primero a ti misma y mirá que para mí eres parte de él.

Un día un sabio me dijo: La verdadera felicidad nunca se encuentra, porque no hay una sola razón para ser feliz, pero mirá a tu alrededor y valorá lo que tenes, no importa si es o no lo que querías, si lo mas importante es que lo tenes.

Dame una razón para no quererte y te demostraré que vale la pena sonreír, recordá también que el lugar donde quieres estar, esta en mi corazón.

Es mejor pasar el tiempo que dejar que el tiempo pase, ¡Recuerda! La mejor medicina para la tristeza es una sonrisa.

Invades mi mente, invades mi corazón, pareces una conquistadora cuando pasas frente a mí, ¡oh! ave voladora ¡Quisiera ir detrás de ti!, pero apenas brinco medio metro del suelo y tú te sientes en las nubes, casi tocando el cielo.

Todos nos quejamos de no encontrar un amor sincero, pero ¿Será que nosotros también hemos sido sinceros? Vivimos reprochando que la vida es injusta, porque nos da a personas que nos dicen mentiras, pero ¿Hemos nosotros hablado con la verdad? Todos nos quejamos de no poder reír, pero ¿Hemos hecho reír a alguien hoy? Decimos que no hay un lugar para nosotros en algún corazón, pero ¿Será que esa persona está en el de nosotros?

Lo más importante de la vida no es vivirla, sino saber vivirla intensamente día a día, saber reír, llorar, gritar, amar, querer, etc.

A veces no somos nada en este mundo, solo somos el recuerdo de lo bueno o malo que dejamos en el corazón de alguien.

¿Por qué será que las cosas que menos quiero recordar, son las cosas que con más frecuencia aparecen en mi mente?

El amor te hace grande...

El guatemalteco es un todo, lo que no puede hacer lo copia, lo que no sabe nunca le interesa, lo que aprende no se le olvida, solamente no recuerda, no investiga sino que descubre, no hace robots pero si humanos. No somos altos pero tenemos estatura y desde pequeños nos enseñan a tener una y otra y otra novia hasta quedar satisfechos de conocer a todo mundo... ¡Pero!... No pensemos en lo malo, han cambiado tantas cosas desde hace mucho tiempo, ahora somos astronautas, pero eso si, no viajamos solos, vamos a la luna y visitamos las estrellas con aquella persona que nos mueve el pensamiento y el sentimiento. Ahora no copiamos, solo utilizamos el teclado de la computadora pulsando las teclas ctrl+c y ctrl+v, es más sencillo, no hemos inventado muchas cosas, pero si somos listos para aprender a usar lo que otros inventaron. En fin, no llegamos tarde, solo nos atrasamos por algún motivo.

Muchas veces le damos vuelta al mundo en busca del amor, sin darnos cuenta que a donde quiera que hemos ido nos ha acompañado.

Si tan solo supieras quien es el amor de tu vida, no estarías buscando y haciéndole daño a los demás, porque te quedarías esperando a que llegara o creciera, que naciera o que simplemente cayera del cielo como un rayo de sol, como una gota de suave lluvia o un beso de la luna.

Las dudas y la curiosidad nos llevan a descubrir cosas que disfrazamos con la mente, las cuales eran ciertas o simplemente una cruel mentira.

Vivir pensando no es lo mejor, lo mejor será cuando hagas lo que estas pensando.

Cuando todo marcha bien, siempre sucede lo mismo de siempre, algo te sale mal y ya no sigues para adelante. ¿Quieres volver a quedarte parado?

Si tan solo pudieras ver en un ultrasonido como late mi corazón, te darías cuenta que tengo razón cuando digo que te amo en cada palpitar.

¡La vida es muy injusta! Pero, ¿Quién dijo que se podía debatir?

Eres mi fuerza para vivir, eres lo más importante que puede haber en este mundo, sin ti mi vida no es vida, si me haces falta me muero, si no existieras no existo yo, eres para mí lo mejor que me pudo haber pasado en la vida, te necesito a cada instante. Bendito aire gracias por existir.

La noche de anoche corriendo bajo la luna dormida te vi, tus pasos seguí, y corriendo junto con el viento te alcancé solo para decirte que te quiero, solo para decirte que te amo y que sin ti me muero.

Me siento perdido en la inmensidad de tu amor.

Lo más lindo de esta vida es saber disfrutar cada momento y saber elegir y tomar la decisión que más te conviene.

Si un día me ves cruzando el horizonte, estoy seguro de que me vas a extrañar.

Lo más difícil no es hacer algo, sino dejarlo de hacer.

Después de mucho tiempo te das cuenta que la vida misma es la que se encarga de mostrarte el camino que hay que recorrer y los misterios que guarda, así como los secretos que hay que descubrir, además te enseña por donde ir.

Los grandes momentos son aquellos que duran un instante y aquellos que siempre se recuerdan.

Hay momentos en la vida que uno siempre quisiera volver a vivir.

Haz que tu sonrisa diga todo lo bueno que hay dentro de ti.

Soy feliz estando triste, porque la vida me enseña su lado oscuro y yo le pongo una luz.

La vida al final es una sola y jamás se vuelve a repetir, los sueños de todos se hacen realidad cuando se lucha y se persevera. Uno solo sale adelante si se lo propone. La vida es como una empinada, se llega a lo más alto si se es lo suficientemente valiente y si se tiene el coraje para enfrentar los miedos y temores de salir adelante. Podrán existir muchos libros de motivación, pero recuerda que la motivación esta en tu interior y es el motor que te hace levantar cada mañana dispuesto a enfrentar los retos de un nuevo día. La vida nos da las oportunidades necesarias, solo es cuestión de decisión y de romper los malos pensamientos que perturban nuestra mente y nuestra imaginación.

Nadie, absolutamente nadie sabe lo que tiene, hasta que otro se lo lleva.

La vida es como un juego de ajedrez, cada movimiento que haces, es cada decisión que tomas; Si lo haces bien, vas camino al éxito, pero si no, vas camino al fracaso. Así que piensa muy bien cada resultado que ha de tener tu decisión.

Cuando tu cielo se torne gris, ten paciencia y espera, porque siempre sale el sol.

¿Que es un segundo?
Es la medición de tiempo para llegar a un minuto, pero un segundo puede ser la diferencia entre la vida y la muerte. Un segundo puede ser un abrir y cerrar de ojos. Un segundo es la diferencia de una decisión. Un segundo es aquel pedacito de tiempo que nos roba el aliento. Un segundo es aquel que en tiempo perdido jamas vuelve a regresar. Así que ahora cada segundo cuenta, aprovecha cada segundo de tu vida.

No es lo que decimos, es como lo decimos.

La belleza no se lleva por fuera, se lleva en la mente y en el corazón.

Lo mas irónico de la vida es cuando amas a quien no te ama; cuando desperdicias tu tiempo pensando en lo que no va a pasar y soñando lo que jamás se cumplirá.

El mejor regalo que le puedes dar a una persona es una sonrisa.

Solo tú tienes las llaves que abren el camino, solo cree que llegarás y confía. ¡Recuerda! no hay montaña que no se pueda escalar.

Porque con cada caída debes de levantarte con más ganas de seguir adelante, no debes dejar que una simple caída entierre en unos días lo que se ha construido en años.

La diferencia entre una y otra persona es saber de donde se viene y aún así siendo el mismo presidente, saber ser humilde y darse a respetar como persona; ganarse la confianza de los demás y saber en qué momento hacer valer el sacrificio de los demás.

Lo más maravilloso de esta vida es vivir cada día de la mejor manera, sin importar que va a pasar mañana, el presente es un regalo y el futuro es muy incierto.

No vales por todo lo que posees, vales por todo lo que eres.

AGRADECIMIENTOS

A DIOS:

Fuente de toda inspiración, por la sabiduría, el amor, la paciencia y la inteligencia, por permitirme llegar lejos, por darme la oportunidad de sobresalir en lo que me he propuesto. Por ser mi guía en este caminar.

A MIS PADRES:

Arminda y Rodrigo Baltazar, por los ejemplos, consejos, por brindarme su apoyo y amor incondicional, pero sobre todo a mi madre por haberme iniciado en el camino del bien, el camino que conduce a lo bueno, pero quizá en algún momento me desvié de él, pero como todo ser humano cometiendo errores, se aprende a vivir la vida.

A MIS HIJAS:

Mikeyla y Emelyn Baltazar, que por razones ajenas a ellas y a mí, el destino nos terminó separando, pero nuestros corazones siguen unidos y la sangre conectada. Que a través de la luz de la luna nos podemos ver cara a cara.

A MI TIERRA NATAL:

Nueva Esperanza, Tejutla, San Marcos, Guatemala, lugar bello, de cultura lleno, lugar de mis raíces, cuna de mis matices, bello lugar de risas y días felices, lugar donde nació mi inspiración, cuna de mis poemas y mi canción, lugar donde encuentra paz mi corazón, bello lugar de mis amores y temores.

A usted que leyó mi obra, ¡Felicidades ha leído la mejor!

SOBRE EL AUTOR

Belisario J. Baltazar, nacido para el éxito en uno de los rincones más olvidados del municipio de Tejutla, del departamento de San Marcos, Guatemala. Dónde un día tuvo inspiración para poder salir adelante y buscar una solución a todos sus problemas y se atrevió a sacrificar ciertas cosas, pero pudo encontrarse a sí mismo.

Un joven admirado por ser siempre sencillo y humilde que escribió en el año dos mil diez un libro llamado la Historia de un Poeta, basada en una historia real y autor de varios poemas dedicados a su natal Tejutla, poemas de amor, poemas a su madre, a su padre y a alguna mujer que quiso con tanta locura y que supo sacar lo mejor de él: su inspiración.

Actualmente reside en Estados Unidos de América, donde un día cansado de sufrir tanto decidió dedicarse a escribir y a enfrentarse a lo que fuera con tal de cumplir sus sueños y sus anhelos.

Autor de la obra "LA IDEA DE SOÑAR EN GRANDE", un libro de motivación, lanzada en el año 2018, que día a día va aumentando los lectores en el mundo entero.   **BelitoB**

NOTAS